I0765228

Ninguna parte de esta publicación, incluido el diseño de la cubierta, puede ser reproducida, almacenada o transmitida en manera alguna ni por ningún medio, ya sea electrónico, químico, mecánico, óptico, de grabación o de fotocopia, sin permiso previo del autor.

PECADO, REDENCIÓN, Y ECOLOGÍA

—UNA PERSPECTIVA BÍBLICA DE LA ECOLOGÍA—

RAFAEL REINOSO LEÓN

"Esta obra refleja la valentía de su autor, que se ha atrevido a enfrentarse a un tema relativamente nuevo para él. Ha representado, por lo tanto, un auténtico ejercicio de investigación, un camino de descubrimientos y de seria reflexión crítica con base teológica. La investigación ha llevado a Rafael Reinoso a ampliar sus miras del pecado y de la redención –miras inicialmente asimiladas a la teología evangélica clásica reciente– y a examinar posturas ecológicas y cristológicas protestantes, católicas, evangélicas y teístas. Ha sabido cribar esas varias posturas y producir un esbozo de ecoteología evangélica. La lectura, fácil y ordenada, será valiosa para toda persona interesada en articular su fe con el cuidado de la creación y una sana esperanza escatológica, en un marco cristológico. Confiamos en que Rafael siga investigando este tema y contribuya a una literatura ecológica evangélica todavía escasa en español."

Christian Giordano (director de tesis) (PhD), es misionólogo y ha dedicado más de 40 años al establecimiento de iglesias en España y el mundo musulmán donde fue director de proyectos de *PM Internacional* (1994-2004). Enseña en la *Facultad de Teología de las Asambleas de Dios* (Córdoba) y en la *Eastern University* (Philadelphia, USA).

PECADO, REDENCIÓN, Y ECOLOGÍA

—UNA PERSPECTIVA BÍBLICA DE LA ECOLOGÍA—

«Naciones, ¡acérquense a escuchar! Pueblos, ¡presten atención! ¡Que lo oiga la tierra, y todo lo que hay en ella; el mundo, y todo lo que él produce!».

Isaías 34:1

«El hombre no está autorizado para provocar el desorden irrefrenado ni el desequilibrio ecológico. Este es sin duda el mayor ecopecado de la historia, alterar el orden del cosmos creado por Dios».

Antonio Cruz

DEDICATORIA

A mi amada esposa Diana, por su apoyo y amor incondicional, tú eres el reflejo del amor de Dios para con mi vida, tu dulzura es la inspiración a vivir cada día a tu lado. A mis dos hijas, Sara y Noa, no existe mayor regalo que teneros como vuestro padre. A toda mi familia, en especial a mis padres. A quien fue mi tutor de tesis, D. Christian Giordano, quien inspiró gran parte de mis pensamientos ecoteológicos con su entrega y dedicación, gracias. A todos y cada uno de mis amigos por ser más que hermanos en tiempos de angustia. Pero sobre todas las cosas, a mi Padre y Señor, en quien he hallado las fuerzas para luchar y seguir adelante. Gracias por permitirme ver acabada esta pequeña obra, deseo con ella brindarte toda la gloria. Que tu luz brille en mi corazón hasta poder estar en la Jerusalén celestial.

ÍNDICE

INTRODUCCIÓN

Esta investigación nace del deseo y necesidad de una teología moderna que deje a un lado la inspiración antropocéntrica del Renacimiento y de la Ilustración, y ponga atención hacia un nuevo paradigma cosmológico, del cual podamos rescatar un nuevo pensar y praxis que nos conduzcan a ofrecer mayor gloria a nuestro Creador. Además, son muchas las preguntas que han producido el interés por esta temática: ¿Verdaderamente la creación es «buena en gran manera»?[1] ¿Acabará el hombre con la naturaleza? ¿Acabará el problema ambiental por destruir la Tierra y extinguir la vida del ser humano? ¿Por qué la creación «gime con dolores de parto»?[2] ¿Cómo afecta el pecado en la naturaleza? ¿Cuál debe de ser nuestra actitud como cristianos frente a los desafíos ecológicos? ¿Hará algo Dios al respecto? ¿Nos dice algo la Biblia sobre la crisis ecológica? ¿Es únicamente a efectos humanos que la obra de Cristo en la cruz tiene relevancia? ¿Destruirá Dios la creación al final de los días? ¿Cómo será la nueva creación? Podríamos hacernos éstas y muchas otras preguntas relacionadas con la ecología. Por ello, y entendiendo el desafío que supone, abarcamos este tema tan necesario, pero tan precioso a la vez.

---

1   Cf. Génesis 1:31.

2   Cf. Romanos 8:22.

Hoy más que nunca el ser humano ha tenido que prestar especial atención a la creación. Desafortunadamente, este interés, en su mayoría, viene precedido por la necesidad de subsistir en un planeta cada vez más polucionado. Fruto de ello es la palabra contemporánea «ecología» y sus distintas derivaciones. Lastimosamente para el hombre postmoderno, la creación queda reducida y representada a una actitud egoísta y deliberada, de la cual abusar y disponer de ella según convenga. Lo peor de todo es que el hombre se justifica de estas actitudes deliberadas, llegando incluso hasta el punto de hacer responsable a la tradición judeo-cristiana del problema ambiental.

Es entonces, por este motivo, que nos apremia la necesidad de recuperar el verdadero significado y sentido de la ecología, y para ello, lo haremos dentro del marco teológico. Desafortunadamente pareciera que la ecología dentro del marco teológico está lejos de ser un referente. De ahí la necesidad de una teología que afronte un diálogo, necesario y urgente, entre las ciencias de la fe y las de la naturaleza.

Es necesario que el ser humano cambie su mentalidad postmoderna y comience a elaborar una ética ecológica, sabia y responsable. Sin embargo, todos los intentos que el hombre procure desde una base puramente ética quedarán muy limitados. Nosotros propondremos una exégesis bíblica que nos guíe a un modelo ecológico dentro de un marco de pensamiento para pensar la creación, defendiendo la identidad de Dios para su creación y la del ser humano. Haciendo de la creación el puente reflexivo que conecte la teología con la ecología. Desarrollaremos ésta línea en la perspectiva de la creación alterada por el pecado y superada en la Pascua del Señor. Deseamos eliminar una visión reduccionista de las dimensiones cristológicas y desarrollar, por el contrario, una visión cósmica que nos confiera dar plenitud de sentido a ésta y nos permita a su vez dar una mayor gloria al Creador. Sólo así permitiremos superar el reduccionismo de la cristología existencial antropológica.

Por lo tanto, y en primer lugar, realizaremos un enfoque del pecado, sometiéndolo a distintas tipologías. La tradición cristiana nos ha enseñado siempre una dimensión individualista del pecado, pero ¿estamos completamente en lo cierto?, o ¿necesitamos redescubrir sus implicaciones? Como veremos, el pecado no sólo constituye un problema meramente individual, sino que abarca más esferas.

En segundo lugar, propondremos un nuevo paradigma que supere los límites de una cristología histórica y desarrollemos una cristología cosmológica. El desorden provocado por el pecado nos requiere una solución que trascienda más allá de una de una redención cristológica para el individuo. Una nueva dimensión cristológica nos permitirá vislumbrar con mayor facilidad la disociación existente por el pecado, y entender integralmente el plan de reconciliación divino.

En tercer lugar, usaremos el modelo de la nueva Jerusalén como tipo ecológico-escatológico ideal, con el fin de concebir una nueva cosmovisión de la creación y que produzca en nosotros el profundo deseo por servirle, a la vez que un ardiente anhelo por la Segunda Venida de Cristo y la culminación de su obra reconciliadora.

En cuarto y último lugar, intentaremos recapitular lo visto en los primeros capítulos y propondremos una propuesta que articule la teología con la ecológica. Cuando nos olvidamos de la trascendencia de Dios, la teología y la vida de la iglesia acaban perdiendo su relevancia. Por ello, trazar el problema ecológico desde una perspectiva misional para la iglesia es urgente. Una perspectiva teológica-ecológica permitirá que el creyente entienda íntegramente el reino de Dios. La iglesia debe ser reflejo del propio carácter divino manifestando los valores de justicia y de paz para con toda la creación. En este sentido concluiremos haciendo uso de la palabra shalom para referirnos a la simbiosis perfecta de paz y armonía que integre hombre-Dios-creación.

CAPÍTULO 1

TIPOLOGÍAS DE PECADO

1. Tipologías de pecado

El ser humano ha sido diseñado y creado a imagen de Dios,[3] esta expresión es muy relevante a lo que nos concierne pues otorga al hombre una identidad privilegiada sobre el resto de criaturas. El ser humano ha sido creado por Dios, formado por distintas dimensiones de manera integral, estas son físicas y espirituales. Físicamente, puesto que el ser humano forma parte de un mundo físico creado por Dios. El ser humano tiene la capacidad de reflejar la dimensión relacional de Dios manteniendo relaciones humanas, esto es lo que identificamos como la dimensión social.[4]

---

3   Véase Génesis 1:26-27.
Hemos de considerar aquí el enfoque que menciona Jewett siguiendo la línea propuesta de Karl Barth respecto a que el hombre ha sido creado a imagen de Dios. Barth ofrece un enfoque dinámico de la imagen de Dios en el hombre. Éste está basado en la estructura varón/hembra como hombre a imagen de Dios: el ser del hombre es un ser-en-compañerismo, es decir, el hombre ha sido creado en una genuina recíproca mutualidad, cosa que el resto de criaturas no disfrutan de ello. Barth dice que al hombre como varón y hembra no se le puede comprender como algo puramente biológico, sino que debe ser estudiado desde arriba hacia abajo y no de abajo hacia arriba. De la misma manera que el hombre está relacionado con sus semejantes de una única manera, así mismo lo está también de una sola manera con Dios. Para Barth al hombre se le puede conocer sicológica y biológicamente sólo cuando éste es comprendido teológicamente. (Cf. JEWETT, Paul. *El Hombre como Varón y Hembra*. Miami: Editorial Caribe, 1975, pp. 38-43). La expresión «creado a imagen de Dios» refiriéndose al ser humano, es un tema digno de ser estudiado en profundidad. Según el punto de vista (funcional, relacional o estructural) que tengamos de esta expresión afectará a nuestra identidad, y a la manera de relacionarnos con el prójimo y a lo que nos rodea. (ERICKSON, Millard J. *Teología sistemática*. (2ª Edición). Viladecavalls, Barcelona: Editorial Clie, 2008, pp. 513-529.)
4   WRIGHT, Christopher. *La misión de Dios*. (1ª Edición) Buenos Aires: Ediciones Certeza Unida, 2009. p. 571.

Las personas tienen la capacidad única de conciencia, comunicación, lenguaje, emociones, memoria, y voluntad. De igual modo, el ser humano es un ser espiritual debido a que las personas son las únicas criaturas que poseen la capacidad de relación con Dios. Sin embargo, el pecado entró a la vida humana por la rebelión y la desobediencia y sus consecuencias afectan a todas las dimensiones –física, espiritual, racional y social- del ser humano y del cosmos.

Aunque no vamos a detenernos en realizar un estudio sobre el pecado y exponerlo bíblicamente, creemos oportuno hacer una breve mención a lo que el concepto se refiere. Podemos definir el pecado como la infracción de la ley, concibiendo ésta como las normas de Dios (1Jn.3:4). El pecado también lo podemos definir como lo contrario al carácter de Dios, donde la gloria de Dios es reflejo de su carácter (Rom.3:23). En definitiva, el pecado es errar el blanco, maldad, rebeldía, depravación, equivocación, perversidad, impiedad, etc.[5] Aunque la terminología nos indica una misma idea, será en función de ésta que obtendremos distintos matices.

---

5   VILA, Samuel y ESCUAÍN, Santiago. *Nuevo diccionario bíblico ilustrado*. Barcelona: Editorial Clie, 1985.

El concepto bíblico de pecado viene de un estudio de los términos usados tanto en el Antiguo como en el Nuevo Testamento[6] para referirse a pecado. Estos términos son numerosos, y cada uno habla del pecado con un matiz diferente, pero todos engloban una misma idea en general. Nos parece interesante la definición que se expone en el Diccionario Teológico del N.T, donde se identifica el pecado como la causa que arruina toda la existencia y que provoca la ruptura de la relación con Dios.

> El concepto de pecado designa el múltiple fenómeno de los yerros humanos, que llegan desde la más insignificante ransgresión de un mandato hasta la ruina de toda la existencia. Esta situación la expresa de la manera más profunda y amplia el grupo de palabras [hamartía] que designa el

---

6   Hay por lo menos ocho palabras básicas para designar el pecado en el Antiguo Testamento y una docena en el Nuevo, siendo las palabras más comunes Chata –en el Antiguo Testamento- y Hamartia -en el Nuevo Testamento- Chata es la palabra básica para designar el pecado, ocurre cerca de 522 veces en el Antiguo Testamento. Su significado básico es errar el blanco y equivale a la palabra griega hamartano. Pero errar el blanco también implica dar en algún otro lugar; i.e., cuando uno yerra la marca correcta, y por ello peca, también le da a la marca incorrecta. La idea no es solamente una acción pasiva de fallar el golpe, sino también una activa de dar donde no debe. Hamartía es la palabra que se usa con más frecuencia para designar el pecado, y ocurre en sus varias formas unas 227 veces. Cuando un escritor quería una palabra inclusiva para el pecado, usaba esta. La metáfora tras la palabra es errar el blanco, pero, como en el Antiguo Testamento, esta no es solamente una idea negativa, sino que también incluye la idea positiva de darle a la marca equivocada. Cuando se usa en los Evangelios casi siempre ocurre en un contexto que habla del perdón o la salvación (Mt.1:21; Jn.1:29). Otras referencias instructivas incluyen Hch.2:38; Rom.5:12; 6:1; 1ªCor.15:3; 2ªCor.5:21; Stg.1:15; 1ªPdr.2:22; 1ªJn.1:7; 2:2; Ap.1:5. (RYRIE, Charles. *Teología Básica*. Miami, Florida: Editorial Unilit, 1993, pp. 91-92.)

obrar contra costumbres, leyes, hombres o dioses. (...) Su comprensión originaria, determinada religiosamente, parte siempre de la relación responsable (comunitaria o individual) del hombre con Dios. El pecado es la ruptura de la relación con Dios. Así, todos los pecados particulares pueden entenderse como un síntoma del único pecado, que consiste en una vida sin Dios, en la incredulidad, en la falta de esperanza, y en la negación del amor.[7]

Sin embargo, Grudem hace énfasis en el matiz de la relación con Dios y su ley moral.

El pecado es no conformarnos a la ley moral de Dios en acciones, actitudes o naturaleza. (...) El pecado es algo más que doloroso y destructivo, que es también malo en el sentido más profundo de la palabra. En un universo creado por Dios, no se debe aprobar el pecado. El pecado está en directa oposición a todo lo que es bueno en el carácter de Dios, y así como Dios necesaria y eternamente se deleita en sí mismo y en todo lo que él es, también necesaria y eternamente aborrece el pecado. Es, en esencia, la contradicción de la excelencia de su carácter moral. Contradice su santidad, y tiene que aborrecerlo.[8]

El tema del pecado ha ofrecido enriquecedoras aportaciones bíblico-teológicas a lo largo de la historia, siendo

---

7   COENEN, Lothar. *Diccionario Teológico del Nuevo Testamento. Vol. III.* (3ª Edición) Salamanca: Ed. Sígueme, 1993, pp. 314,325.
8   GRUDEM, Wayne. *Teología Sistemática.* Miami, Florida: Editorial Vida, 2007, pp. 513-515.

numerosos los aspectos abordados en la reflexión teológica reciente sobre el pecado. Nos resulta de suma importancia indicar que en nuestra investigación nos limitaremos al enfoque de los resultados de la caída desde el punto de vista de las disociaciones causadas por el pecado. En los primeros capítulos de Génesis[9] nos muestra tres aspectos del pecado y como éste ha afectado al propósito original de Dios para con toda la creación, y en definitiva su armonía como un todo. Por ello que abordaremos el pecado de manera individual, colectiva (estructural), y ecológica.

---

9   Véase Génesis 1 al 11.

1.1 El pecado personal o individual

En primer lugar, es necesario señalar el pecado personal (o individual) como horizonte donde se sitúa actualmente la noción de pecado. Aunque la conciencia cristiana del presente poco a poco va asimilando las dimensiones del pecado, esta tipología del pecado individual es la más conocida o probablemente la primera en la cual piensan las personas cuando consideran el pecado. Ya que pecado y salvación se consideran asuntos estrictamente en relación con el ser humano individual, el pecado individual ha sido el principal objeto de atención de los cristianos evangélicos. Según Romanos 3:9-18, ninguna persona está exenta de la condenación, ésta es universal y se basa en hechos malos tanto de palabra como de acción. El pecado personal no es sólo aquel que se comente abiertamente, sino también los que se comenten con el pensamiento. Los pecados personales no se transmiten de una persona a otra, o de una generación a otra. Sólo los efectos del pecado pueden llegar a transmitirse, pero cada uno es responsable de sus pecados personales y en su resultado tendrá que sufrir las consecuencias.[10]

En segundo lugar, debemos establecer un fundamento bíblico, para ello aludimos al comienzo. El relato del Génesis es breve, pero al mismo tiempo nos aporta gran claridad a lo discurrido históricamente en cuanto al proceso que implica la entrada del pecado en la persona –a través de Eva y de su

---

10   RYRIE, Charles. *Teología Básica.* Miami, Florida: Editorial Unilit, 1993, pp. 100-101.

marido Adán[11]- y por consiguiente, en el cosmos. El proceso histórico del pecado comenzó en la mente y fluyó hacia el exterior materializándose en el acto de tomar del fruto del árbol. Inicialmente el pecado se origina en el momento que Eva piensa en su mente, pues decide creer a Satanás en vez de creer a Dios, y posteriormente come y comparte el fruto con Adán.[12] La historia de la tentación de Eva y la complicidad de Adán implican todos los aspectos de la naturaleza humana.

> Y vio la mujer que el árbol era bueno para
> comer, y que era agradable a los ojos, y
> árbol codiciable para alcanzar la sabiduría;
> y tomó de su fruto, y comió; y dio también
> a su marido, el cual comió, así como ella.[13]

Por último, hacemos mención de las consecuencias que la entrada del pecado provocó para el ser humano y a las dimensiones de la personalidad humana. La más significativa es la disociación espiritual, espiritualmente estamos alienados de Dios, temerosos de su presencia, desconfiados de su verdad, hostiles a su amor. Otra dimensión es la física, físicamente estamos condenados a muerte, como lo estableció Dios, y sufrimos «la invasión del pecado» por medio de la enfermedad y el deterioro a lo largo de la vida. Podemos decir que principalmente el pecado es personal porque afecta a nuestro destino, a nuestra voluntad, y a nuestro propio cuerpo. A nuestro destino porque el pecado provoca que las personas perezcan trayéndolas a juicio, a menos que

---

11   Véase Génesis 3

12   SCHAEFFER, Francis. *Génesis en el tiempo y el espacio.* Barcelona: Ediciones Evangélicas Europeas, 1974, p. 86.

13   Génesis 3:6

sean perdonadas a través de la sangre de Cristo (Mt.18:11, Lc.12:20, Jn.3:16). A nuestra voluntad puesto que la persona sin la libertad de Cristo se encuentra cautiva espiritualmente (Jn.8:44, Lc.4.18). A nuestro propio cuerpo, las evidencias de enfermedad son el resultado de la condición del hombre (Mt.8:17, Jn.9:3).[14]

El Concilio Vaticano II[15] recoge también la importancia del pecado y lo califica como una división del hombre en sí mismo y de una deformación humana.[16]

Concluimos diciendo que, si necesitamos una idea para describir la perspectiva personalista del resultado del pecado esta sería la pérdida de la comunión con Dios. El pecado ha provocado una disociación entre el hombre y Dios. Ahora bien, esa disociación se traslada a diversos puntos de referencia: hombre-Dios, hombre-hombre, hombre-ecosistema.

---

14   RYRIE. *Teología Básica,* p. 95.

15   El Concilio Vaticano II fue un concilio ecuménico de la iglesia católica convocado por el papa Juan XXIII, quien lo anunció el 25 de enero de 1959. Se pretendió proporcionar una apertura dialogante con el mundo moderno, actualizando la vida de la iglesia sin definir ningún dogma, incluso con nuevo lenguaje conciliatorio frente a problemas actuales y antiguos.

16   VIDAL, Marciano. *Cómo hablar de pecado hoy.* (2ª Edición) Madrid: Promoción Popular Cristiana, 1977, pp. 146-147.

1.2 El pecado estructural o colectivo

Como vimos anteriormente dentro de la teología del pecado existe una doble vertiente, personal y estructural (o individual y colectiva) de la culpabilidad. En nuestro análisis antropológico-teológico del pecado debemos de aludir a una mayor dimensión de éste, a la dimensión estructural. Esta dimensión del pecado se da a nivel de estructuras sociales o comunitarias. Podemos señalar esta dimensión como la separación que, a causa del pecado, mantiene el hombre con sus semejantes. En este punto veremos que todo comienza con la separación de Adán con Eva, donde ambos intentan pasar la culpa de la Caída el uno al otro. Esto señala la posibilidad de que ambos caminen juntos, lado a lado en una democracia utópica.[17] En un principio el hombre es separado de su esposa, pero acto seguido el hombre es separado de su hermano.[18] La estructura fundamental de la relación matrimonial queda desvirtuada. En lugar de que tanto el esposo como la esposa encuentre el uno en el otro su propia función y propósito (Gn.2:18-24), la estructura original, su diseño, queda alterado por el pecado degenerando en dominación y lujuria (Gn.3:16b). En consecuencia, todas las demás relaciones derivadas quedan desvirtuadas igualmente por el pecado; celos, ira, violencia y venganza (Gn.4). Seguidamente en el transcurso de la historia llegamos a la torre de Babel,[19] y con ella a la diversidad de idiomas, y al clímax de los efectos de la Caída sobre la esfera internacional.

---

17   SCHAEFFER, Francis. *Génesis en el tiempo y el espacio.* Barcelona: Ediciones Evangélicas Europeas, 1974, p. 103.
18   Véase Génesis 4.
19   Véase Génesis 11.

Otro ejemplo que podemos observar es la separación entre judíos y gentiles después del tiempo de Abraham. Estas y otras separaciones que han ido sucediéndose hasta nuestros días, han creado y siguen creando transformaciones en la estructura social.

Según Génesis 3:6, la mujer (Eva) compartió el fruto con Adán, con esta acción el pecado entró en el centro de la relación humana, de manera que el pecado que ya era espiritual, mental y físico ahora se hace compartido, dando como resultado vergüenza mutua y posteriormente una descendencia cada vez con mayor maldad. Identificamos este nivel como el social, las relaciones sociales del ser humano están fracturadas por la ira, la violencia, los celos, o incluso el asesinato entre hermanos como en la historia de Caín y Abel.[20] El pecado afecta tanto a la vida humana como a la sociedad. A la luz de las Escrituras, podemos hacer un análisis mucho más profundo para tener presente cómo el pecado afecta a la sociedad y a la historia. Son ejemplos la división de Coré, Babilonia, Sodoma, y también el pueblo de Israel en su alejamiento de Dios, entre otros tantos. En el canon del Antiguo Testamento encontramos a autores históricos proféticos porque observaron la historia y la sociedad desde la perspectiva de Dios, y desde esa perspectiva identificaron el pecado en la sociedad, es decir, interpretaron que el pecado es mucho mayor de lo que se puede observar en el corazón y en la conducta del hombre. Así lo identifica el profeta Isaías aludiendo a aquellos que establecen leyes injustas para dar

---

20   WRIGHT, Christopher. *La misión de Dios.* (1ª Edición) Buenos Aires: Ediciones Certeza Unida, 2009, p. 572

legitimidad a la injusticia y la opresión:

> ¡Ay de los que dictan leyes injustas, y
> prescriben tiranía, para apartar del juicio
> a los pobres, y para quitar el derecho a los
> afligidos de mi pueblo; para despojar a las
> viudas, y robar a los huérfanos![21]

Es Jeremías quien descubre que la sociedad de Jerusalén se encuentra pervertida.[22] Para los historiadores, los sucesivos reyes de Jerusalén –a excepción de Ezequías y Josías- aumentaron la perversidad del pueblo, imitando y luego sobrepasando la maldad de sus predecesores.

Para Christopher Wright el pecado traspasa mucho más allá de la línea horizontal de una sociedad, y sus consecuencias se propagan a las sociedades venideras de forma que el pecado se radica en la historia:

> El pecado se expande horizontalmente en
> la sociedad y se propagada verticalmente
> entre las generaciones. Así genera
> contextos y conexiones cargados de
> pecado colectivo. El pecado se vuelve
> endémico, estructural y entramado en
> la historia. Por eso los historiadores del
> Antiguo Testamento observan que las
> sociedades enteras se vuelven adictas
> al mal caótico (como lo representa el
> libro de los Jueces con su crescendo de
> conductas perversas).[23]

---

21   Isaías 10:1-2.
22   Véase Jeremías 5.
23   WRIGHT. *La misión de Dios,* p. 573.

Puntualizamos que esto no quiere decir que las estructuras sociales puedan pecar, es decir, el pecado es una decisión libre realizada por personas morales y no de una estructura. Pero en cambio es cierto que todo ser humano nace y se desarrolla bajo un marco social que él mismo no puede crear. Aunque pudiéramos llegar a realizar cambios significativos -individualmente o como generación- en dicha estructura social, siempre seguirá permaneciendo condicionada por el resultado de las elecciones y acciones de otras personas, todas ellas plagadas de pecado. Por lo cual, aunque las estructuras no pecan en el sentido personal, todas ellas son el resultado de las decisiones de individuos en condición pecadora.[24]

Por otro lado, el hecho de que vivamos bajo tales estructuras nuestro pecado no se vuelve justificable o inevitable, seguimos siendo responsables ante Dios. Como cristianos debemos ser conscientes de ello, y saber que las formas de vida pecaminosas se llegan a regularizar, se racionalizan, se vuelven convincentes, y en última instancia se aceptan en referencia a las estructuras, por esto la necesidad que tenemos –partiendo de nuestra fe- de examinar las tendencias sociológicas o las que surgen de grupos, y dado el caso, presentar oposición. Esta es una cuestión delicada y aún por resolver, ¿cuál es el margen de error que como cristianos tenemos, y hasta qué punto podemos llegar a presentar oposición al poder público? Es precisamente en grandes sociedades donde se corre un mayor peligro de hacernos culpables seduciendo a los demás o cooperando

---

24   *Ibíd.*, p. 574.

con ellos. Tampoco la iglesia, al igual que cada comunidad particularmente, queda exenta de la ley del pecado.[25] Pero como dijimos anteriormente, toda evasiva para excusarse intentando buscar primeramente el pecado en los demás, en las circunstancias, o en la sociedad, no exime nuestra responsabilidad ante nuestro Creador.

Marciano Vidal señala:

> Por ser personas somos seres relacionales. Existe influencia de una libertad sobre otra. Esta influencia puede hasta tener un efecto demorado en el espacio o en el tiempo. El pecado de hoy no sólo podrá arrastrar a otros por seducción, sino que puede del mismo modo influir en la posterioridad. (...) Mi acción libre coloca siempre al otro en una situación que le incita al bien o al mal, que le proporciona un apoyo o se lo quita, que le presenta valores y normas o le priva de ellos.[26]

Aunque, por otro lado, Vidal clarifica que esto no gravita en que el pecado de uno pase sin más a otro, pues iría contra el principio de responsabilidad personal.[27]

Persona y sociedad interactúan la una con la otra, se trata de una relación de índole doble. «El pecado es un elemento de la presente estructura social de la cual el individuo no puede escapar».[28] Del mismo modo que

---

25   COENEN, Lothar. *Diccionario teológico del Nuevo Testamento. Vol. III.* (3ª Edición) Salamanca: Ed. Sígueme, 1993, p. 327.

26   VIDAL. *Cómo hablar de pecado hoy*, p. 174.

27   *Ibíd.,* p. 174.

28   ERICKSON, Millard J. *Teología Sistemática.* Viladecavalls (Barcelona): Ed. Clie, 2008. p. 667.

las personas son afectadas por la sociedad, la sociedad es afectada por las personas. Es entonces cuando nos podemos preguntar, ¿se considera libre de culpabilidad el hombre que acepta, cuando menos con su pasividad y con su silencio, una situación social injusta? El conocimiento de este tipo de pecado indica que, existe una estructura social arbitraria que limita y condiciona los medios y consecuencias de nuestras acciones, es decir, las buenas intenciones no dictan los resultados, existe una gran diferencia entre lo que lo que se propone o desea y lo que verdaderamente se lleva a cabo. Cualquier persona puede verse atrapada por la naturaleza colectiva del pecado mediante los malos actos de los gobiernos, de las estructuras económicas o de cualquier otro tipo de participación colectiva.[29] Debido a la pecaminosidad del ser humano no puede existir un orden social absoluto y perfecto antes de la transfiguración del mundo,[30] hasta entonces y en el mejor de los casos, sólo habrá reformas y mejoras sociales.

---

29   *Ibíd.,* p. 653.
30   Hablaremos de la transfiguración del mundo en nuestro siguiente punto; paradigmas de la redención.

1.3 El pecado en perspectiva ecológica

Antes de continuar con el pecado y la devastación que este ocasiona no sólo al ser humano, sino a la creación entera, nos es de suma importancia enfatizar la bondad de la creación. La creación previamente y aparte del pecado es enteramente, y sin lugar a dudas, buena.[31] Durante los primeros dos capítulos de Génesis por repetidas veces, Dios identifica a toda la creación como buena. Dios declara sus obras más que buenas, acentuándolas con las palabras: «Y vio Dios todo lo que había hecho, y he aquí que era bueno en gran manera». (Gén.1:31). Este verso se refiere a toda la

---

31   «Deshonramos al Creador, si menospreciamos la obra de sus manos cuando él mismo la tiene en alta estima. De hecho, tan en alta estima tiene lo que había creado que se rehusó a borrarla cuando la humanidad la echó a perder, sino que, en cambio, se propuso a expensas de la vida de su Hijo, hacerla nueva y buena otra vez. En la iglesia primitiva había una herejía llamada gnosticismo que negaba la bondad de la creación en una manera fundamental. Mantenía la creencia de que el Creador de Génesis 1 era una deidad maléfica subordinada, quien se había rebelado en contra del buen Dios supremo, y que el mundo que hizo era un lugar malo, una prisión de la cual la gente tenía que ser rescatada. El gnosticismo representó una amenaza significativa para la iglesia primitiva y fue fieramente combatido por los Padres de la Iglesia como Ireneo. Ya en tiempos de los apóstoles el peligro de tal herejía se hizo patente. Las ramificaciones de esta confesión básica son de largo alcance, especialmente si reconocemos que la creación incluye todo aquello que la sabiduría de Dios obró. Es el antídoto bíblico para todas las cosmovisiones, religiones y filosofías que resaltan alguna característica o características del orden creado como causa del predicamento humano, ya que sea el cuerpo, la temporalidad, la finitud, las emociones, la autoridad, la racionalidad, la individualidad, la tecnología, la cultura, o cualquier otra cosa. Todos estos elementos han sido chivos expiatorios que han distraído nuestra atención de la verdadera raíz del problema, el pecado». (WOLTERS, Albert. *La creación recuperada*. Medellín, Colombia: Poiema Publicaciones, 2013, pp. 38-39.)

creación, es decir, a todo lo que Dios había creado, del cual el hombre forma parte. La bondad de la creación es intrínseca a ella, sin depender de nuestra presencia en ella o incluso de nuestra capacidad de contemplarla o estudiarla. Esto resalta el carácter bondadoso del Creador[32], y el hecho de que el hombre forme parte de ella, quiere decir que, juntamente con el resto, Dios le considera bueno también, aun cuando el propósito original se ha desviado a causa del pecado.[33] La bondad de la creación tiene un elemento escatológico muy importante a tener en cuenta, lo trataremos con mayor profundidad cuando hablemos de la redención de Cristo sobre el cosmos, mediante el cual su plan original no solo se rehaga, sino que sobrepase en una nueva creación.[34]

Después de la Caída, Dios dice a Adán: «maldita será la tierra por tu causa». Es en este mismo instante cuando el mundo externo[35] sufre cambios profundos, que lo hacen anormal. Con las palabras «por tu causa», Dios señala al hombre como el responsable de estas anormalidades externas.[36]

---

32   Hemos de considerar la bondad de Dios en contraste con el carácter de los dioses paganos, manifestado en la crueldad y degradación de sus actos cúlticos (véase Job 12:7-9, Salmo 19:7-9; 50:6, Salmos 65, 104 y 148, Hechos 14:17; 17:29, Romanos 1:20.)

33   WICKHAM, Miguel y WICKHAM, Terence-Pablo. *Ecología y cambio climático*. Barcelona: Publicaciones Andamio, 2012. p.118.

34   Véase Marcos 10:45, Isaías 65:17, y Apocalipsis 21:5.

35   Nos referimos principalmente al mundo físico. (Físicamente) en Gén.3, Eva *«tomó de su fruto y comió»*. Estos son verbos que describen una acción física en un mundo físico.

36   SCHAEFFER, Francis. *Génesis en el tiempo y el espacio*. Barcelona: Ediciones Evangélicas Europeas, 1974. P 97.

> "Y al hombre dijo: Por cuanto obedeciste
> a la voz de tu mujer, y comiste del árbol
> de que te mandé diciendo: No comerás de
> él; maldita será la tierra por tu causa; con
> dolor comerás de ella todos los días de tu
> vida."[37]

En primer lugar, debemos señalar que la Biblia enseña que la entrada del pecado a través de la caída de Adán y Eva no solamente fue un acto aislado de desobediencia, sino que tal acto fue de significado catastrófico para la creación como un todo. Las palabras de Dios a Adán revelan el efecto del pecado sobre la totalidad del entorno físico. Los efectos del pecado van más allá de los asuntos específicamente humanos, los efectos de la caída implican toda la creación; nada de lo creado está exento de los efectos del pecado. La creación entera lleva los signos del pecado humano. Algunos pasajes bíblicos[38] ponen de manifiesto el amplio alcance del pecado, de los cuales dada su relevancia exponemos dos de ellos:

> Oíd palabra de Jehová, hijos de Israel,
> porque Jehová contiende con los
> moradores de la tierra; porque no hay
> verdad, ni misericordia, ni conocimiento
> de Dios en la tierra. Perjurar, mentir,
> matar, hurtar y adulterar prevalecen, y
> homicidio tras homicidio se suceden. Por
> lo cual se enlutará la tierra, y se extenuará
> todo morador de ella, con las bestias del

---

37   Génesis 3:17, énfasis añadido.
38   Génesis 3 y 4, Jeremías 14, Oseas 4:1-3, o Romanos 8:19-22, entre los más destacados, ponen en evidencia los efectos del pecado en las relaciones del hombre con Dios y con el orden creado.

campo y las aves del cielo; y aun los peces del mar morirán.[39]

Porque el anhelo ardiente de la creación es el aguardar la manifestación de los hijos de Dios. Porque la creación fue sujetada a vanidad, no por su propia voluntad, sino por causa del que la sujetó en esperanza; porque también la creación misma será libertada de la esclavitud de corrupción, a la libertad gloriosa de los hijos de Dios. Porque sabemos que toda la creación gime a una, y a una está con dolores de parto hasta ahora. [40]

De acuerdo al uso que el apóstol Pablo le da en esta cita,[41] debemos puntualizar que estamos usando la palabra creación para referirnos específicamente a la creación terrenal, no a la creación celestial. Aunque en la Escritura se hace referencia a la rebelión en el cielo entre ángeles,[42] en ningún momento podemos decir que el cielo esté infectado y esclavizado como resultado del pecado, sólo es en el sentido terrenal en el que la creación sufre los efectos del pecado. Es por ello que la creación está afecta y distorsionada por el pecado, toda ella –como dice el apóstol Pablo-, participa en la tragedia de la caída del hombre y de la última liberación en Cristo. Volveremos a retomar este punto cuando hablemos de la redención como la restauración de la creación.

---

39   Oseas 4:1-3.
40   Romanos 8:19-22.
41   Véase Romanos 8:22.
42   Hay dos pasajes en la Biblia que parecen abordar esta cuestión: Isaías 14:12-15 y Ezequiel 28:12-19.

Desde el marco teológico en el que estamos identificando al pecado debemos especificar que éste no solamente ha creado una disociación entre el hombre y Dios, entre el hombre con sí mismo y sus semejantes, sino que también ha provocado una separación respecto a la creación. Esta ruptura es la que ha dañado la simbiosis entre el hombre y la naturaleza, y la naturaleza de sí misma. Bien apunta Francis Schaeffer cuando al respecto de dicha ruptura en la armonía del hombre con el ecosistema[43] menciona que el ser humano «ha perdido su dominio completo, y ahora la naturaleza misma es un medio de juicio».[44] Christopher Wright cita en unos de sus párrafos a R. Bauckham, en donde el teólogo inglés expresa los efectos inevitables del pecado en la naturaleza:

> ¿Cómo afecta la caída a la naturaleza? ¿Es únicamente en la historia humana donde la obra creativa de Dios ha sido afectada, requiriendo ahora una obra de redención, mientras que en el relato de la naturaleza la creación sigue sin ser afectada por la caída? No puede ser así, porque la humanidad es parte de la totalidad interdependiente de la naturaleza, de manera que la perturbación en la historia humana necesariamente perturba la naturaleza, y como la humanidad es la especie dominante en la tierra, el pecado humano está destinado a tener efectos extendidos en la naturaleza

---

43   Ecosistema: comunidad de los seres vivos cuyos procesos vitales se relacionan entre sí y se desarrollan en función de los factores físicos de un mismo ambiente. (REAL ACADEMIA ESPAÑOLA. Diccionario de la lengua española. (23ª Ed. Madrid) 2014.

44   SCHAEFFER. *Génesis en el tiempo y el espacio,* p. 103.

como un todo. La caída perturbó la armoniosa relación de la humanidad con la naturaleza, alienándonos de ella, de tal manera que ahora la experimentamos como hostil; e introduciendo elementos de lucha y violencia en nuestra relación con la naturaleza. (Génesis 3:15,17-19; 9:2).[45]

Este mismo texto daría para temas teológicos y científicos mucho más profundos, podríamos preguntarnos si la caída del hombre y la entrada del pecado en el mundo son la motivación de las amenazas naturales[46] que ponen en peligro la vida humana (terremotos, tsunamis, inundaciones, incendios), pero no podemos detenernos aquí; en lo que nos compete no resulta relevante para nuestra investigación.

En segundo lugar, podemos intuir que del pecado ecológico subyace la relación o armonía fragmentada hombre-creación de la cual podemos insinuar la relación hombre-animal igualmente afectada por el pecado. Desde una perspectiva teológica-bíblica dentro del marco de la ecología no podemos olvidarnos de los animales, estos también forman parte del orden del cosmos, el cual el ser humano debe de conocer y conservar. La creación de los animales, al igual que el resto de la creación, también se caracteriza desde el principio por la aprobación divina de que era «bueno en gran manera».[47] La teología de la creación recoge una estrecha

---

45   WRIGHT. *La misión de Dios*, p.575.
46   Nos referimos principalmente a los fenómenos naturales tales como atmosféricos, hidrológicos, o geológicos. Exceptuamos todos los que son causados meramente por el ser humano, tales como las guerras o la contaminación.
47   Cf. Génesis 1:31

comunidad de vida entre seres humanos y animales. Por un lado, se dice que los animales del campo fueron creados el mismo día que el hombre,[48] por lo que ambos reciben el mismo espacio vital y se le establece equivalente alimento. Por otro lado, y según podemos observar a través del acto de dominación,[49] Dios le confiere al hombre la tarea de que éste asigne a los animales a su propio mundo y los adjudique en su propia comunidad. Por muchos años esta tarea de dominio se ha mal interpretado otorgando vía libre para que el hombre ejerza sus derechos de dominio sin pudor alguno.[50] A causa del poder del pecado, existe una constante amenaza de muerte que une al hombre con el animal en la comunidad, esto lo vemos una y otra vez en las Escrituras, un ejemplo son las palabras de Salomón quien equipara el destino de ambos: «Porque la suerte de los hijos de los hombres y la suerte de los animales es la misma: como muere el uno así muere el otro».[51] En el mundo desfigurado todas las criaturas tienen en común un mismo fin, todas están destinadas a la ruina por causa del pecado del hombre.

---

48   Véase Génesis 1:24-27
49   Véase Génesis 1:28
50   SCHOCKENHOFF. Eberhard. *Ética de la vida*. Barcelona: Biblioteca Herder, 2012, p. 634.
51   Cf. Eclesiastés 3:19

1.3.1 Enfoque bíblico al problema ecológico

El problema ecológico comenzó con la entrada del pecado en el mundo a través de «la Caída del hombre, ya que tal como enseñaron los Reformadores[52], significaba la pérdida de la imagen de Dios como ser relacional».[53] Como ya dijimos, el pecado provocó la disociación o ruptura de la armonía en relaciones de las que gozaba el hombre con Dios; con sí mismo; con sus semejantes; y con la creación animal y la Tierra (ecología).

No hace mucho tiempo que la palabra ecología[54] ha sido incorporada a nuestro vocabulario personal. Fue Ernst H. Haeckel en el año 1989 quien hizo uso del término por primera vez. La palabra ecología procede de dos raíces griegas, *oikos* (casa/hogar) y *logos* (estudio). Es, por tanto, el estudio científico de los elementos que constituyen el hogar de los organismos, así como las relaciones de estos elementos con los propios organismos.[55] Respecto a la ecología, es Antonio Cruz quien nos ofrece la importancia de que esta debe caracterizarse por su equilibrio, y en ella identifica la

---

52   Véase Reforma protestante. Se conoce como Reforma protestante, o simplemente la Reforma, al movimiento religioso cristiano, iniciado en Alemania en el siglo XVI por Martín Lutero, que llevó a un cisma de la Iglesia católica para dar origen a varias iglesias y organizaciones agrupadas bajo la denominación de protestantismo.

53   WICKHAM. *Ecología y cambio climático,* p. 126.

54   1. f. Ciencia que estudia las relaciones de los seres vivos entre sí y con su entorno. 2. f. Parte de la sociología que estudia la relación entre los grupos humanos y su ambiente, tanto físico como social. 3. f. Defensa y protección de la naturaleza y del medio ambiente. (REAL ACADEMIA ESPAÑOLA. Diccionario de la lengua española. (23ª Ed. Madrid) 2014.

55   CRUZ SUÁREZ, Antonio. *Bioética cristiana: una propuesta para el tercer milenio.* Terrassa, Barcelona: Editorial Clie, 1999, p. 402.

armonía que debe existir entre los seres vivos entre sí:

> Esta intricada red de relaciones que existen en los seres vivos, entre sí y con el lugar donde habitan, suele tender casi siempre hacia el equilibrio. No obstante, tal armonía puede verse alterada drásticamente cuando intervienen agentes extraños al ecosistema, como pueden ser las catástrofes naturales o la actividad desordenada de la humanidad.[56]

El problema ambiental que actualmente sufrimos subyace de lo que hemos identificado como el pecado ecológico. Un enfoque bíblico que haga frente al problema ambiental comienza por el planteamiento de algunas preguntas como, ¿a quién pertenece la tierra? ¿Nos ha sido encomendada una tarea con respecto a la tierra, al cosmos? ¿Es el cuidado del planeta parte de la misión de Dios, y por ende de la misión de la iglesia? Estas, y algunas otras, son preguntas que como cristianos deberían hacernos reflexionar, y lo que es más importante aún, deberían retarnos a responder a ellas de manera bíblica, pero sobre todo en nuestra praxis cristiana.

Wickham cita a David Bookless,[57] el cual comenta cuán lejos está el hombre de gobernar sobre la creación en el nombre del Creador como motivo de las nefastas consecuencias del pecado:

---

56   *Ibíd.,* p. 402.

57   David Bookless es presidente de A Rocha, una asociación cristiana para la conservación de la naturaleza. Además, es predicador y escritor de varias obras, de las cuales destacamos el interesante estudio sobre las razones por las que debemos cuidar la creación de Dios. (WICKHAM. *Óp. Cit.,* p. 170).

Si echamos una mirada a nuestro alrededor al mundo en que vivimos, con su futuro incierto debido al cambio climático, con la sobre explotación de sus recursos y la extinción de miles de sus especies, podemos ver cuánto nos hemos distanciado de la responsabilidad que Dios nos dio en Génesis1. Los humanos hemos fallado estrepitosamente en eso de reflejar la imagen de Dios en el cuidado de la creación. Pero no sólo tal conducta infiel ha tenido resultados terribles para el planeta; también nos daña como seres humanos. Cuando dejamos de cuidar la creación como Dios quería que hiciésemos, dejamos de reflejar su imagen; si descuidamos el planeta, llegamos a ser menos humanos, y la imagen de Dios que llevamos empieza a desaparecer (...) necesitamos ayuda desesperadamente para volver a modelar lo que verdaderamente significa ser la imagen de Dios en cuerpos humanos.[58]

Desafortunadamente, la ecología dentro del marco teológico está lejos de ser un referente en los seminarios y en las facultades de teología protestantes, por no mencionar la insuficiente literatura protestante que existe escrita en español. Damos relevancia a obras como: «Dios en la Creación»,[59] «Ecología y Cambio Climático»,[60] «La abolición del hombre»,[61] «Las buenas nuevas de la Creación»,[62] «La fe

---

58   WICKHAM. *Óp. Cit.,* pp. 126-127.
59   Jürgen Moltmann.
60   Pablo y Miguel Wickham.
61   C.S. Lewis
62   Juan Stam.

cristiana frente a los desafíos contemporáneos»,[63] «Bioética Cristiana: una propuesta para el tercer milenio»,[64] «Viviendo como pueblo de Dios», «La misión de Dios»,[65]o «Polución y muerte del hombre: enfoque cristiano a la ecología»[66]. Por otro lado, existen distintas aportaciones a modo de artículo[67] por: Christian Giordano, Antonio Cruz, René Padilla, Juan Stam, Gabino Fernández, Manuel Suárez, o Jonathan Muñoz, entre otros. Hacemos especial mención al Movimiento de Lausana,[68] que ha elaborado la Consulta sobre el Cuidado de la Creación y el Evangelio.[69] Además, el comité responsable en España elaboró una Guía de Estudio basada en el

---

63   John Stott.

64   Antonio Cruz.

65   *«Viviendo como pueblo de Dios»* y *«La misión de Dios»,* ambas escritas por Christopher Wright.

66   Francis Schaeffer.

67   La gran mayoría de sus artículos podemos encontrarlos en Internet.

68   El Movimiento de Lausana comenzó a prepararse en el Encuentro Mundial de Evangelización de Berlín en 1966 y cristalizó en el Congreso Internacional de Evangelización Mundial en la ciudad suiza de Lausana en 1974. Después de esos eventos se suceden encuentros sectoriales y dos Congresos de Evangelización Mundial en Manila 1989 y Ciudad del Cabo 2010. Se trata de un movimiento, global y comprensivo de lo que es el cristianismo evangélico, centrado en aquello que le da sentido que es la misión de Dios.

69   La *Consulta Global de Lausana sobre el Cuidado de la Creación y el Evangelio* se reunió del 29 de octubre al 2 de noviembre de 2012 en Santa Ana, Jamaica para profundizar sobre las bases del cuidado de la creación establecidas en *El Compromiso de Ciudad del Cabo (CCC).* Muchos pasajes bíblicos, incluyendo Génesis 1 al 3, el Salmo 8 y Romanos 8, constituyeron la base de oraciones, discusiones, y deliberaciones sobre los temas del Mundo de Dios, la Palabra de Dios, y la Obra de Dios.

Compromiso de Ciudad del Cabo.[70] Hay esfuerzos, sí, pero al mismo tiempo creemos que son insuficientes.

Por el contrario, en algunos casos, teorías consideradas obsoletas como el creacionismo, han tenido un importante desarrollo en los últimos años tanto a nivel protestante como católico. Existe la necesidad de una interpretación teológica-bíblica más profunda en el ámbito de la ecología.[71] Es necesario que la teología afronte un diálogo, necesario y urgente, entre las ciencias de la fe y las ciencias de la naturaleza. Por supuesto, como bien señala René Padilla, los evangélicos no somos los únicos que necesitamos poner una mayor atención en lo que concierne a ecología.[72] La gran mayoría de la humanidad no es consciente de los alcances de la actual destrucción o deterioro del ecosistema. Ahora bien, y como dice Juan Luis Ruiz de la Peña, otra cosa sería responsabilizar a la teología o a la tradición judeocristiana de la actual situación del medioambiente, cosa que algunos ecólogos y críticos del cristianismo han intentado:

---

70   Es el *Tercer Congreso de Lausana para la Evangelización Mundial* (Ciudad del Cabo, 16 al 25 de octubre de 2010) que reunió a 4.200 líderes evangélicos de 198 países, y se extendió a cientos de miles más que participaron en reuniones en todo el mundo y a través de Internet. ¿Su meta? Plantear a la iglesia global un desafío renovado a dar testimonio de Jesucristo y de toda su enseñanza en cada nación, en cada esfera de la sociedad y en el mundo de las ideas. *El Compromiso de Ciudad del Cabo* es el fruto de este esfuerzo. Forma parte de una línea histórica que se apoya tanto en el *Pacto de Lausana* como en el *Manifiesto de Manila*.

71   LIZARRALDE, Eusebio y SALIBIAN, Alfredo. *Ecoteología. Aportes desde el ecumenismo.* Buenos Aires: Editorial Dunken, 2013, p. 31.

72   Citado por WICKHAM. *Ecología y cambio climático,* pp. 19-20.

La fe cristiana en la creación habría provocado o fomentado la degradación ecológica. (...) No pocos ecólogos consideran a las iglesias cristianas como descalificadas para hacer frente a una crisis que habrían contribuido a desatar y, en consecuencia, vuelven los ojos a otros modelos de religiosidad, especialmente a los representados por las grandes religiones orientales, cuyo rango dominante es el componente contemplativo y místico, más que el activo y racionalista, y que patrocinan además, desde una cosmovisión panteísta, la neutralización de la dialéctica hombre-naturaleza y la reintegración de aquél en los ritmos cíclicos de ésta.[73]

Lynn White mal interpreta Génesis 1:28 para hacer valer la teoría de que el cristianismo es responsable respecto a la relación de dominio de la naturaleza por parte del ser humano. Con estas palabras responsabiliza al cristianismo de los distintos problemas medio ambientales:

El cristianismo (...) no sólo estableció el dualismo del hombre y la naturaleza, sino que también insistió en que era la voluntad de Dios que el hombre explotara la naturaleza para su propio beneficio.[74]

El teólogo reformado alemán Jürgen Moltmann, por ejemplo, en su libro «Dios en la Creación», responde a las críticas de White y ofrece valiosas reflexiones sobre una

---

73   RUIZ DE LA PEÑA, Juan L. *Teología de la creación*. (6ª Edición) Santander: Editorial Sal Terrae, 1988. Pp.177-179.
74   WHITE, Lynn. "Raíces históricas de nuestra crisis ecológica". *Ambiente y Desarrollo*. Nº23. Santiago de Chile: CIPMA, 2007, p. 83.

nueva teología de la creación.

Como es notorio existe una demanda para la teología de la creación y específicamente para la ecología dentro del marco bíblico. Esta cuestión del domino sobre la tierra por parte del ser humano, y otras que relacionan la ecología con la iglesia, las trataremos específicamente en nuestro punto de ecoteología.

A modo de resumen, y para concluir con este punto, podemos afirmar que las escrituras neotestamentarias apuntan al pecado como el factor que viene a alterar las relaciones del hombre con su Dios, con sus semejantes y con el mundo cósmico, por ende, con la propia naturaleza. El hombre vino a ser prisionero de su pecado, incapaz de librarse de él y de sus propios impulsos pecaminosos, y las demás consecuencias terribles de su caída, que afectan a su entorno físico. Todos los problemas económicos, sociales, ecológicos y políticos son consecuencias de la fatalidad del pecado, estos, además, ponen de manifiesto la invalidez que tiene el ser humano -a causa del pecado-, para resolver tales situaciones.

CAPÍTULO 2

PARADIGMAS DE LA REDENCIÓN

2. Paradigmas de la redención

Los primeros capítulos del Génesis -ya expuestos anteriormente-, relatan la tragedia de la Caída adánica fruto de la desobediencia y rebelión del hombre. En consecuencia, se da lugar a la entrada del pecado al cosmos con sus resultantes consecuencias catastróficas. Juan Stam cita a René Padilla quien explica que tanto nuestro pecado como nuestra salvación tienen dimensiones cósmicas:

> El pecado (en singular) no es la suma de los pecados (en plural) individuales de los hombres. Es, por el contrario, una situación objetiva que condiciona a los hombres y los compele al acto de pecar...El pecado, pues, no es un problema meramente individual, sino social y aun cósmico...Los pecados personales...son el eco de una voz que procede de...la creación que «fue sujeta a vanidad» y que tiene que ser «liberada de la esclavitud de la corrupción». (Rom.8:20-21).[75]

Un desorden cósmico presupone la implicación y necesidad de una reconciliación cósmica. Dios tuvo que escoger y poner en práctica un plan de redención que abarcara por completo al cosmos. Esta visión permite vislumbrar la salvación de las estructuras de pecado y de injusticia que oprimen a los más empobrecidos de la tierra. Es por ello que, necesitamos en nuestro quehacer teológico un nuevo paradigma que supere los límites de una cristología

---

[75] STAM, Juan. *Las buenas nuevas de la creación*. Grand Rapids, Michigan: Editorial Nueva Creación, 1995, p. 49.

histórica y desarrollemos una cristología de la naturaleza.[76] Es decir, es necesario que en nuestra aproximación eco-teológica podamos, al menos a groso modo, acercarnos a la dimensión cristológica y de qué manera ésta tiene relevancia no solamente sobre el ser humano irredento, sino también sobre la corrupción del cosmos a causa del pecado. El Hijo de Dios es aquel en quien, por quien y hacia quien, ha sido creado todo (Colosenses 1:13-23). Este himno de Colosenses, como más adelante veremos, correlaciona un estrecho paralelismo, el papel mediador de Cristo en la creación,[77] y en la reconciliación.[78] Por lo tanto, pretendemos vislumbrar una cristología cósmica lanzando una breve mirada a la reconciliación.

El término «reconciliar» es unas de las palabras más significativas a lo largo de toda la Biblia. Esta palabra es clave en la escritura neotestamentaria. Su uso implica un cambio en una relación. Proviene del verbo griego katalassô

---

76   MOLTMANN, Jürgen. *Cristo para nosotros hoy*. Madrid: Editorial Trotta, 1997., p. 75.
77   Véase Colosenses 1:15-17.
78   Véase Colosenses 1:18-20.

y significa cambiar o intercambiar.[79] Pero en referencia al texto de Colosenses 1:20,22 katalassô se deriva en una palabra compuesta, apokatalassô. Este término resalta aún más su significado, sugiriendo una reconciliación completa e íntegra.[80] Lo veremos más en profundidad cuando hagamos alusión a la reconciliación cristológica en Colosenses 1:20.

Para ello y en primer lugar, comenzaremos aludiendo a la implicación teológica que supone la redención de Cristo sobre un ser humano. En segundo lugar, contrastaremos los efectos del pecado estructural ya vistos frente al propósito reconciliador de Dios sobre las colectividades e instituciones sociales, arrojando una breve mirada al Antiguo Testamento. Por último, necesitamos entender integralmente la reconciliación de Dios sobre el cosmos, por ende, sobre la creación. ¿De qué manera afecta la redención de Cristo sobre su creación? Nos encontraremos con alguien y algo que necesita ser redimido, y alguien que quiere y puede redimir.

---

79   Hace referencia a la reconciliación entre esposo y esposa (1Cor.7:11), y entre hombre y Dios (Rom.5:10, 2Cor.5:18-20) «Con respecto a la relación entre Dios y el hombre, el uso de estos y otros términos relacionados muestra que primariamente la reconciliación es lo que Dios lleva a cabo, ejerciendo su gracia hacia el hombre pecador en base a la muerte de Cristo en sacrificio de propiciación bajo el juicio debido al pecado. En base a esto a los hombres, en su condición de pecado y alienados de Dios, se les invita a reconciliarse con él; esto es, a cambiar la actitud que tienen, y a aceptar la provisión que Dios ha dado, por la cual sus pecados pueden ser remitidos y ellos mismos quedar justificados ante él en Cristo». (VINE, William. *Diccionario expositivo de las palabras del Antiguo y Nuevo Testamento exhaustivo de Vine*. Miami, Florida: Editorial Caribe, 1999).

80   MACARTHUR, John. *Comentario MacArthur del Nuevo Testamento: Colosenses y Filemón*. Grand Rapids, Michigan: Editorial Portavoz, 2003, pp. 63-64.

2.1 Implicación en el ser humano

La muerte de Cristo en la cruz nos reconcilió con Dios (Ef.2:16). Esta reconciliación entre el hombre y Dios no sería posible si primero no fuera aplacada la ira de Dios mediante el sacrificio de su Hijo (Rom.5.9, 1Tes.1:10, 2Cor.5:21, 1Ped.2:24). Solamente es a través de la obra del sacrificio en la cruz de Cristo que podemos recibir la reconciliación (Rom.8:3). El propósito final de la reconciliación es presentarnos como escogidos de Dios santos y puros delante de Él. (2Cor.11:2, Jud.24). Cada creyente debe de ser «vestido del nuevo hombre, el cual se va renovando hacia un verdadero conocimiento, conforme a la imagen de aquel que lo creó».[81] En 2ª Corintios 5:17-21 podemos percibir la suma importancia de la reconciliación:

> De modo que, si alguno está en Cristo, nueva criatura es; las cosas viejas pasaron; he aquí todas son hechas nuevas. Y todo esto proviene de Dios, quien nos reconcilió consigo mismo por Cristo, y nos dio el ministerio de la reconciliación; que Dios estaba en Cristo reconciliando consigo al mundo, no tomándoles en cuenta a los hombres sus pecados, y nos encargó a nosotros la palabra de la reconciliación. Así que, somos embajadores en nombre de Cristo, como si Dios rogase por medio de nosotros; os rogamos en nombre de Cristo: Reconciliaos con Dios. Al que no conoció pecado, por nosotros lo hizo pecado, para que nosotros fuésemos hechos justicia de Dios en él.

---

81   Cf. Colosenses 3:10 (LBLA)

Rescatamos además cinco verdades acerca de la reconciliación: en primer lugar, la reconciliación transforma a los hombres (v.17). En segundo lugar, la reconciliación aplaca la ira de Dios (v.21). En tercer lugar, la reconciliación viene por medio de Cristo (v.18). En cuarto lugar, la reconciliación está disponible para toda aquella persona que crea (v.19). Quinta y última verdad, la reconciliación implica en cada creyente la misión evangelizadora de proclamar el mensaje de la reconciliación (vs.18-19).

Tillich citado por Moltmann dice:

> El Hijo del hombre crucificado trae la reconciliación al dolor de la disociación. El hombre podrá aceptarse a pesar de todas sus inaceptabilidades, porque ha sido ya aceptado por Dios.[82]

El apóstol Pablo se refiere a Cristo como «el postrer Adán»,[83] para así representar a Cristo como el restaurador y reconciliador de lo que el primer Adán estropeó con su caída. Así como en Adán la armonía de la que disfrutaba el ser humano con Dios y con el cosmos quedó rota, así en Cristo, ha quedado unida de nuevo. Por medio de la redención Cristo volvió a darle al ser humano la oportunidad definitiva de la dignidad y del sentido de su existencia.[84]

---

82   MOLTMANN, Jürgen. *El hombre.* Salamanca: Ediciones Sígueme, 1976, p. 154.

83   Véase 1 Corintios 15:45, Romanos 5:12-21.

84   CONDE, Emilia. *La redención en Cristo, nueva creación: hacia una reflexión ecoteológica.*

2.2 Implicación en el sistema u organización

En primer lugar, es importante que prestemos atención a la narrativa veterotestamentaria de Génesis 11. La Torre de Babel es la culminación de las historias sobre el ser humano después de la Caída. De Génesis 12 en adelante, comienza la historia de la redención con Dios llamando a Abraham y prometiéndole una tierra donde a través de la cual, él y su descendencia –que acabaría convirtiéndose en una nación-, serían benditas todas las naciones de la Tierra.[85] El propósito de Dios para una sociedad manchada por el pecado fue el de una nueva nación, una nueva comunidad que reflejase el modelo y el pacto de Dios con su pueblo, así como el vehículo por el cuál deberían de ser benditas todas las naciones del mundo. El propósito de Dios para con Israel era que éste tomara posesión de la tierra prometida, con el objetivo de que éste fuera un pueblo diferente al resto, santo, que obedeciera los estatutos y leyes divinas, pero a la vez era una nación más entre otras, tendrían instituciones sociales, políticas, económicas, militares y judiciales.[86]

Para entender esta idea del Antiguo Testamento debemos considerar su fuerte énfasis ético social. No se trata solamente de enseñanzas morales individuales que, aunque lo sean, al fin y al cabo, están dirigidas al individuo que a su vez forma parte de una comunidad. Muchas de las leyes del Antiguo Testamento, incluido los Diez Mandamientos

---

85   Véase Génesis 12:1-3.
86   WRIGHT, Christopher. *Viviendo como pueblo de Dios.* Barcelona: Publicaciones Andamio, 1996, p. 38.

(dirigidos al individuo en segunda persona del singular),[87] tienen el propósito no meramente en la pureza del individuo, sino que trasciende al completo, en la salud moral y espiritual de esa nación. Por lo que el propósito de Dios no se limitaba a personas individualmente, sino que trascendía globalmente sobre la comunidad, la cual, a través de su vida social, reflejara el carácter de Dios en el amor, la paz, la justicia, la bondad, etc.[88]

> La narración del Antiguo Testamento nos ofrece una estructura de ideales y principios para la vida sobre la tierra que Dios nos ha dado. Estos ideales, sin embargo, están controlados por la realidad de la doctrina global de la caída, pero están a la vez elevados por medio de la dimensión trascendente a la que está relacionada toda la vida, incluyendo las estructuras y sociedades.[89]

Ya argumentamos anteriormente que el pecado, aunque es personal trasciende del individuo a las estructuras, enraizándose en ellas. La raíz del problema reside en el corazón de la persona, corrupto y cautivado por el pecado. Solo la obra de regeneración que efectúa Cristo sobre los corazones llega a provocar un cambio efectivo en las vidas. Favorablemente, la acción redentora y transformadora de Dios es totalmente aplicable sobre las esferas de la vida humana, de la sociedad y sus estructuras, a través del Evangelio, en base a la obra

---

87   Véase Éxodo 20.

88   WRIGHT. *Viviendo como pueblo de Dios*, p. 39.

89   *Ibíd.*, p. 85. Las últimas palabras en cursiva son añadidas al texto por mí.

de la cruz y la resurrección. Es por ello que necesitamos tener una visión integral, al igual que del pecado (individual, social, ecológico), también de la salvación. El deseo de Dios es tener un pueblo, una comunidad posesión suya, una sociedad redimida, que sea modelo a través de la cuál Dios pueda manifestar su propósito redentor último.

En nuestra lucha contra el pecado social, no debemos de contentarnos meramente con la crítica hacia las estructuras y convenciones sociales que encarnan la maldad y la injusticia.[90] La mejor manera de combatir el pecado y el mal de la sociedad es poniendo énfasis en el evangelismo y en la praxis de una ética personal y social.[91] «Por eso mismo la Iglesia no puede restringir su misión a un trabajo llevado a cabo solamente en lo profundo de los corazones. Su tarea es mucho más exigente. Consiste en luchar en favor del reino, y consiguientemente contra el anti-reino y los que representan sus intereses».[92]

> El hombre no solo vive de visiones, por buenas que sean. Los cristianos deben de combatir junto a aquellos que conforman, modifican y recrean constantemente las convenciones e instituciones de la sociedad, de forma que dotemos a sus convicciones éticas de un contenido «encarnador».[93]

Rescatamos las palabras del reconocido teólogo Karl Rahner

---

90   WRIGHT. *Viviendo como pueblo de Dios*, p. 134.
91   ERICKSON, Millard J. *Teología Sistemática*. Viladecavalls (Barcelona): Ed. Clie, [2ªedición] 2008, pp. 669-670.
92   MOSE. *Pecado estructural*.
93   WRIGHT. *Óp. Cit.*, p. 134

quien es citado por Stam:

> Los cristianos deben imprimir su esperanza escatológica...en las estructuras sociales del mundo...Lo cual significa que también en el terreno social el cristiano no puede ser meramente `conservador', ya que su esperanza escatológica, por un lado, hace relativo todo estado concreto de la realidad y, por otro, esta esperanza que hace relativo el momento actual, debe aparecer también en las estructuras sociales. En efecto, por la esperanza escatológica de los novísimos, que trae Dios mismo, el cristiano es liberado de las potestades y dominaciones del presente eón (Ro. 8, 35-39), no sólo en el sentido de que en último término éstas no tienen poder sobre él cuando tolera pacientemente su acción, sino también en el de que posee frente a ellas un punto firme -- hasta la entrega de su vida -- para la crítica creadora y para la transformación.[94]

Sobre esta misma base del propósito redentor de Dios, la iglesia tiene una posibilidad más amplia, en relación a la autoridad estatal, el de la intercesión. Como dice Juan Stam: «Nuestra vida entera tiene que respaldar nuestra oración por la justicia, para que se realice la voluntad del Creador».[95]

> Exhorto, ante todo, a que se hagan rogativas, oraciones, peticiones y acciones de gracias, por todos los hombres; por los reyes y por todos los que están en eminencia, para que vivamos quieta y reposadamente en

---

94   STAM, Juan. *Creación, ética y problemática contemporánea.* "Teología y Cultura". p. 32.
95   *Ibíd.,*

toda piedad y honestidad. Porque esto es bueno y agradable delante de Dios nuestro Salvador, el cual quiere que todos los hombres sean salvos y vengan al conocimiento de la verdad.[96]

Cada ser humano tiene su historia individual, pero esa historia está ligada de modo inseparable a instituciones, a estructuras sociales de donde vive. Cristo no vino solamente a salvar a personas, sino a implantar el reino, en las instituciones, en los matrimonios, en las familias, en las empresas, en las escuelas, en las iglesias, etc. Por nuestra parte, necesitamos entender que la obra redentora de Dios trasciende más allá de la dimensión personal, y su poder puede transformar instituciones y sociedades.

---

96   1 Timoteo 2:1-4.

2.3 Implicación cosmológica

Dado que la teología moderna se centra principalmente en el significado de la resurrección de Cristo para el hombre, la teología queda limitada, es decir, no es suficiente entender la resurrección de Cristo meramente desde un paradigma histórico-escatológico; debe de ser entendida también como un acontecimiento cósmico. Debemos superar este paradigma moderno y desarrollar un nuevo paradigma que conciba la resurrección de Jesús extendida hacia el cosmos entero. Si no hay sanidad para la naturaleza, no hay una salvación final para el hombre, pues éste también es un ser natural. Esto siempre lo ha reflejado la liturgia pascual de la Iglesia ortodoxa y los himnos pascuales. Por ejemplo, el himno prepaulino de la carta a los Colosenses enuncia una magnífica cristología cósmica. Por lo tanto, es nuestra tarea considerar también la naturaleza y con ello pasar al cosmológico.

> El Dios que levanta a los muertos es el mismo que como creador llama a ser lo que no es, y quien creó el mundo de la nada es el Dios que resucita a los muertos. El comienzo y el fin, la creación y la resurrección se corresponden y no deben de ser separados, pues la glorificación de la creación por medio de la resurrección de los muertos es la conclusión de la creación, y la creación apunta a la resurrección de los muertos.[97]

---

97   MOLTMANN, Jürgen. *Cristo para nosotros hoy*. Madrid: Editorial Trotta, 1997, p. 77.

Como cristianos debe de existir en nosotros, más incluso que en cualquier otra persona, una seria preocupacion por los temas ambientales. Hoy más que nunca, necesitamos un nuevo paradigma cosmológico debido al problema ambiental al que nos enfrentamos toda la humanidad. Una cristología cósmica debe enfrentarnos a la creación que está siendo empujada hacia el caos por el pecado del ser humano. Es por ello que necesitamos el descubrimiento del Cristo cósmico y de la redención del cosmos. Esto permitirá que el ser humano pase de explotar desconsideradamente la naturaleza a una reconciliación con la misma.

En nuestro primer punto abarcamos los efectos cósmicos del pecado, éste desorden cósmico presupone la implicación y necesidad de una reconciliación cósmica. Pretendemos ahora comprender la dimensión cristológica en la redención y reconciliación del cosmos. Para ello, abordaremos, según a nuestro entender, dos de los pasajes que más luz arrojan sobre las dimensiones cósmicas de la resurrección; Romanos 8:19-23 y Colosenses 1:15-20. Deseamos eliminar una visión reduccionista de las dimensiones cristológicas y desarrollar, por el contrario, una visión cósmica que nos confiera dar plenitud de sentido a ésta y nos permita a su vez dar una mayor gloria al Creador. Sólo así permitiremos superar el reduccionismo de la cristología existencial antropológica.

2.3.1 El gemido de la creacion (Rom.8:18-23)

> Porque el anhelo ardiente de la creación es el aguardar la manifestación de los hijos de Dios. Porque la creación fue sujetada a vanidad, no por su propia voluntad, sino por causa del que la sujetó en esperanza; porque también la creación misma será libertada de la esclavitud de corrupción, a la libertad gloriosa de los hijos de Dios. Porque sabemos que toda la creación gime a una, y a una está con dolores de parto hasta ahora; y no sólo ella, sino que también nosotros mismos, que tenemos las primicias del Espíritu, nosotros también gemimos dentro de nosotros mismos, esperando la adopción, la redención de nuestro cuerpo.[98]

El apóstol Pablo plantea en el capítulo 8 toda una teología de la historia, la creación y la libertad. Pablo vislumbra un mundo nuevo en el cual las cadenas de la corrupción son rotas para dar paso a una nueva creación, en la cual el Espíritu, al igual que en Génesis 1:2, actúa y transforma en vida.

Posiblemente este sea el pasaje más profundo y misterioso referido al mundo y a su actual crisis ecológica. Pablo describe al ser humano junto al resto de la creación en una frustración por culpa del pecado, y a la vez en expectación por la esperanzadora libertad y su plena ejecución. Pablo tiene en mente los pasajes veterotestamentarios como los Salmos y los Profetas, aquellos que parecen dar vida y voz a

---

98   Romanos 8:19-23, énfasis añadido.

la creación, respondiendo de manera casi humana al amor y cuidado de Dios.[99] La creación entera anhela ardientemente la revelación de los hijos de Dios porque dicho suceso significará también la gloria para toda la creación.

«Porque la creación fue sujetada a vanidad» (v.20). La palabra aquí utilizada por Pablo para referirse a vanidad es mataiotes ($\mu\alpha\tau\alpha\iota\acute{o}\tau\eta\varsigma$), traducida como «inutilidad», «vaciedad» en cuanto a resultados, relacionado con mataios. «Se emplea en la creación (Rom.8:20) como no alcanzando los resultados para la que había sido dispuesta, debido al pecado».[100]

Diversos teólogos han visto en esta palabra una referencia directa al relato del Génesis sobre los efectos que el pecado de Adán y la ira de Dios provocaron sobre la naturaleza. No fue la culpa de la creación misma por la cual esta quedó sujeta a vanidad, no fue la creación irracional la que pecó, sino fue el hombre. Por el pecado del hombre, Dios sujetó la creación a vanidad pronunciando una maldición, en su sentido más profundo, sobre el hombre.[101]

> Y al hombre dijo: Por cuanto obedeciste
> a la voz de tu mujer, y comiste del árbol
> de que te mandé diciendo: No comerás
> de él; maldita será la tierra por tu causa;
> con dolor comerás de ella todos los días de

---

99   BRADLEY, Ian. *Dios es "verde"*. Santander: Editorial Sal Terrae, 1996, p. 103.

100   VINE, William. *Diccionario expositivo de las palabras del Antiguo y Nuevo Testamento exhaustivo de Vine*. Miami, Florida: Editorial Caribe, 1999.

101   HENDRIKSEN, William. *Comentario al Nuevo Testamento: Romanos*. Grand Rapids, Michigan: Libros Desafío, 2006, pp. 300-301.

tu vida. Espinos y cardos te producirá, y
comerás plantas del campo. Con el sudor de
tu rostro comerás el pan hasta que vuelvas
a la tierra, porque de ella fuiste tomado;
pues polvo eres, y al polvo volverás.[102]

Por otro lado, son otros teólogos los que interpretan de manera diferente Romanos 8:20. Para ellos el sometimiento de la creación a la vanidad, no se remite, como sostienen algunas teorías contemporáneas, a la culpabilidad del pecado de Adán y por ello la maldición de la tierra, sino que la culpabilidad de la maldición recae sobre la misma voluntad de Dios, claro está que esto lo sostienen de manera imprecisa.[103]

Tal es el caso de Leonardo Boff, quien interpreta de este pasaje una naturaleza aún inmadura. Para él la naturaleza está sujeta a vanidad, no a causa del hombre, sino originada por el mismo Dios. Es decir, la creación se encuentra en un proceso aun incompleto. Según su exégesis del texto, en la fase actual en la que nos encontramos, la creación se encuentra sometida a vanidad por voluntad de Dios. Boff engloba a toda la creación, ser humano incluido, y dice al respecto que ella llegará a la madurez junto con todos los hijos e hijas de Dios. Para Boff se cumpliría entonces Génesis 1:31 donde se manifiesta la «gran bondad» de la creación.[104] Boff construye una cristología trascendental y cósmica bajo

---

102   Génesis 3:17-19, énfasis añadido.
103   BRADLEY. *Dios es "verde"*, pp. 104-105.
104   BOFF, Leonardo. *Ecología: grito de la Tierra, grito de los pobres*. Madrid: Editorial Trotta, 1996, p. 103.

la influencia de Teilhard De Chardin.[105] Es por ello que Boff apuesta por una creación evolutiva.

Sea como fuere no tenemos conclusiones cien por ciento exactas. Lo único que dice la Biblia es que la creación fue sometida a vanidad por decreto divino, pero con una esperanza gloriosa. Y esto es para nosotros lo más relevante. El tema dominante e importante de este pasaje es la perspectiva gloriosa que aguarda toda la creación; seres animados como inanimados. Toda la creación aguarda alcanzar la realización plena del designio último del Creador para con ella.

---

105   TAMAYO-ACOSTA, Juan José. *Leonardo Boff. Ecología, mística y liberación.* Bilbao: Editorial Desclée de Brouwer, 1999, p. 63.

2.3.2 La reconciliacion cósmica (Col.1:20)

La dimensión creadora y sustentadora de Cristo es la base para la interpretación de la doctrina de la reconciliación. Colosenses 1 junto con los textos de Juan 1:3, Efesios 1:10, Hebreos 1:3, y Apocalipsis 4:11; 5:13 revelan una vinculación entre la creación, la salvación, y la misión de la iglesia.[106] Exponemos a continuación el texto de Colosenses 1:15-20:

> Él es la imagen del Dios invisible, el primogénito de toda creación. Porque en él fueron creadas todas las cosas, las que hay en los cielos y las que hay en la tierra, visibles e invisibles; sean tronos, sean dominios, sean principados, sean potestades; todo fue creado por medio de él y para él. Y él es antes de todas las cosas, y todas las cosas en él subsisten; y él es la cabeza del cuerpo que es la iglesia, él que es el principio, el primogénito de entre los muertos, para que en todo tenga la preeminencia; por cuanto agradó al Padre que en él habitase toda plenitud, y por medio de él reconciliar consigo todas las cosas, así las que están en la tierra como las que están en los cielos, haciendo la paz mediante la sangre de su cruz.[107]

Este himno cristológico demuestra el papel mediador de Cristo con la creación (Col.1:15-17) y en la reconciliación (Col.1:18-20). Ponemos especial atención al énfasis que el apóstol Pablo emplea en el versículo 20 con

---

106   STAM, Juan. *Las buenas nuevas de la creación.* Grand Rapids, Michigan: Editorial Nueva Creación, 1995, pp. 44-45.
107   Colosenses 1:15-20, énfasis añadido.

el término *Apokatalasso* «reconciliar». Obsérvese la distinta connotación y el énfasis que recae sobre este término en contraste con el uso de *Katalasso*, mismo término utilizado para referirnos a «reconciliar», usado en otros pasajes bíblicos. Según el Diccionario Vine del Nuevo Testamento:

Apokatalasso (ἀποκαταλλάσσω), quiere decir: «reconciliar completamente, cambiar de una condición a otra, de modo que se elimine toda enemistad y no quede impedimento alguno a la unidad y la paz».[108]

Katalasso (καταλλάσσω), «denota propiamente cambiar, intercambiar (especialmente de dinero); de ahí, de personas, cambiar de enemistad a amistad, reconciliar».[109]

La «sangre de la cruz» es el medio utilizado por Cristo para llevar a cabo la reconciliación. Tanto en el Antiguo como en el Nuevo Testamento la sangre se relaciona con la reconciliación. Cristo derrama su sangre en un acto incondicional y supremo de amor por el cosmos (Juan 3:16); tanto seres animados como inanimados (Romanos 8:22).[110] Jesús al derramar su sangre en la cruz, no solamente efectuó la limpieza de los pecados y nos reconcilió con Dios, sino, además, por medio de Cristo, Dios reconcilió «consigo todas las cosas, así las que están en la tierra como las que están en los cielos»[111]

---

108 VINE, William. *Diccionario expositivo de las palabras del Antiguo y Nuevo Testamento exhaustivo de Vine.* Miami, Florida: Editorial Caribe, 1999, p. 1270.

109 *Ibíd.,* p. 1269.

110 PÉREZ RODRÍGUEZ, Gabriel. *San Pablo: Cartas de la cautividad y pastorales.* Salamanca: Editorial PPC, 1974, pp. 67.

111 Cf. Colosenses 1:20. (Hb.9:23).

Aunque a través de la redención cósmica de Cristo Dios hizo posible la salvación para todo el mundo,[112] no incluye una salvación para todas las personas y el resto de ángeles caídos. Algunos teólogos plantean y defienden un universalismo, es decir, argumentan la salvación final de todas las criaturas incluyendo a hombres irredentos y ángeles caídos. Pero esta posición contradice el principio fundamental de hermenéutica, la analogía Scriptura.[113] Por lo tanto, «todas las cosas» incluye aquellas cosas que han entrado en la reconciliación, es decir todas exceptuando los ángeles caídos y los hombres irredentos,[114] los cuales como afirma la Biblia serán arrojados al lago de fuego eterno.[115]

Pero lo cierto es que estamos ante una de las expresiones («todas las cosas») más difíciles de entender, donde muchos teólogos no se ponen de acuerdo en su

---

112   Véase Juan 3:16, 1 Juan 2:2.

113   Este principio se basa en interpretar un texto de la Escritura sin contradecir a otro de la misma. MACARTHUR, John. *Comentario MacArthur del Nuevo Testamento: Colosenses y Filemón.* Grand Rapids, Michigan: Editorial Portavoz, 2003, p. 67.

114   «Los ángeles buenos, en un sentido, no necesitan la reconciliación con Dios; y los ángeles caídos están excluidos de ella (Jud.1:6). Pero probablemente la redención tiene efectos en el mundo de los espíritus, los cuales no conocemos. Por supuesto, su acto de reconciliarnos a nosotros y reconciliarlos a ellos, tiene que ser por un proceso diferente, puesto que no tomó sobre sí la naturaleza de los ángeles como para ofrecer una propiciación por ellos. Pero el efecto de la redención en ellos, como él es la Cabeza de ellos y también la nuestra, es que por ella ellos son traídos más cerca de Dios y así alcanzan un aumento de bienaventuranza, y vistas más amplias del amor y sabiduría de Dios (Ef.3:10)». (Cf. JAMIESON, Roberto; FAUSSET, A. R; BROWN, David. *Comentario exegético y explicativo de la Biblia.* Tomo II: *El Nuevo Testamento.* El Paso, Texas: Casa Bautista de Publicaciones, 2002, p. 565).

115   Véase Mateo 25:41,46, Apocalipsis 20:10-15.

interpretación. No resulta fácil de explicar, pero existe una interpretación mayoritaria: el pecado rompió la armonía existente entre todos los seres de la creación, por lo que todo lo que quedó apartado de Dios quedó a su vez apartado de los ángeles (no caídos). Por lo tanto, la reconciliación de los hombres afecta a los ángeles en cuanto que éstos recobran sus relaciones con aquéllos.[116] El P. Huby lo explica de la siguiente manera:

> Sin duda, hay que excluir toda redención de los ángeles por Cristo. Pero la creación es fraternal. Los ángeles no constituyen un mundo cerrado, aparte; han sido incorporados a nuestra historia con un papel de dirección y protección. Cuando la redención del hombre, la creación material vuelve a su justo lugar y canta dignamente la gloria de su Creador, los ángeles no permanecen extraños a esta armonía recobrada; en lugar de dar una nota justa en una orquesta discordante, entran a formar parte de un conflicto donde todo converge hacia una admirable sinfonía.[117]

En la teología siempre se ha dado la convicción que tanto el destino del hombre como el de la creación es un mismo destino común. Ambos están conectados al mismo tiempo por el aspecto de la desgracia como por el aspecto de la salvación.[118] Por el aspecto de la desgracia puesto que a

---

116   PÉREZ RODRÍGUEZ, Gabriel. *San Pablo: Cartas de la cautividad y pastorales.* Salamanca: Editorial PPC, 1974, p. 68.

117   Citado por PÉREZ RODRÍGUEZ. *Óp. Cit.*, p. 68.

118   GONZÁLES CARVAJAL, Luis. "Fe cristiana y derechos de la naturaleza. Cosmos y creación." *Communio. Revista Católica Internacional,* III-88, mayo-junio, año10, p. 243.

través del pecado del hombre la creación quedó profanada.[119] Pero también por el aspecto de la salvación.[120] Dios promete el cielo nnuevo y tierra nueva.[121] Es además Isaías quien profetiza la liberación definitiva de la naturaleza.[122] René Padilla señala esta relación entre el ser humano y el resto de la creación, y menciona: «La renovación de la vida espiritual está ligada a la renovación de la creación misma porque el ser humano es inseparable de la creación».[123] Por lo tanto, podemos afirmar que la obra de Cristo también afecta a la creación, aunque no alcancemos ahora a comprenderla toda. Ésta es la esperanza que alienta nuestro caminar ahora: la creación entera será redimida.

Finalmente, la transformación de la creación en cielo nuevo y tierra nueva incluirá una armonización, habrá concordia y armonía, shalom en su forma más perfecta. La Biblia nos permite vislumbrar algo de lo que será la creación tras su redención. La profecía de Isaías llegará a su cumplimiento.

> Morará el lobo con el cordero, y el leopardo
> con el cabrito se acostará; el becerro y el
> león y la bestia doméstica andarán juntos,
> y un niño los pastoreará. La vaca y la osa
> pacerán, sus crías se echarán juntas; y el
> león como el buey comerá paja. Y el niño de
> pecho jugará sobre la cueva del áspid, y el

---

119 Véase Génesis 3:17-18, Levítico 18::27-28, Isaías 13:9-11, Jeremías 7:20; 9:10-11, Ezequiel 6:14.
120 Véase Isaías 11:6-9; 30:23-26, Ezequiel 36:8-10.
121 Véase Isaías 65:17; 66:22, Apocalipsis 21:1, 2 Pedro3:13.
122 Véase Isaías 35:1-2; 49:13; 55:12.
123 PADILLA, René. *Vigencia del jubileo en el mundo actual.*

recién destetado extenderá su mano sobre
la caverna de la víbora. No harán mal ni
dañarán en todo mi santo monte; porque
la tierra será llena del conocimiento de
Jehová, como las aguas cubren el mar.[124]

Cuando leemos este pasaje podemos llegar incluso a decir como Wright: «El propósito redentor de Dios para con su creación puede que esté más allá de nuestra imaginación, pero no del ojo de nuestra fe».[125] El cosmos será restaurado a una relación armoniosa con su Creador. Dios y la creación serán reconciliados, y la maldición del pecado será anulada. Una perspectiva ecológica de la resurrección de Cristo dimensiona una nueva creación donde la muerte ya no existirá más: el poder destructor de la muerte es expulsado. Ese es el lado cósmico y ecológico de la esperanza.

Estrechamente vinculados a estos dos pasajes de Romanos y Colosenses se encuentra 2 Pedro 3:7,12 donde nos informa que el universo será purificado por medio de una gran hostilidad, a través de la cual habrá un rejuvenecimiento. El cielo y la tierra serán renovados por fuego y transformados en un «nuevo cielo y nueva tierra» (2 Pd.3:13, Ap.21:1-5). Así se cierra un círculo: la primera creación encuentra su consumación en la nueva creación. La idea de la creación llega de este modo a su plenitud a través de la idea de salvación. «La Palabra de Dios, por la que todo ha sido creado y que ha plantado su tienda entre nosotros (prólogo de Juan), habita ahora en medio de su pueblo, el

---

124   Isaías 11:6-9.
125   WRIGHT. *Viviendo como pueblo de Dios,* p. 106.

pueblo de Dios».[126]

Esta doctrina de la redención cósmica tiene profundas consecuencias para nuestro pensamiento, pues nos hace ser respetuosos con toda la creación. «Este hecho provee un fundamento clave para el desarrollo de una teología cristiana para una edad ecológica»[127] El resultado de esto debe de ser el pensar y proceder con sentido ecológico. La escatología bíblica no debe de suponernos sólo un sueño utópico que nos lleve a la desconsideración del presente mundo, sino a considerarlo, mientras esperamos con anhelo y gozo un nuevo cielo y tierra nueva. De esta forma, la interpretación escatológica de la redención de Cristo incide positivamente en la creación presente con un énfasis ético.[128]

Así pués concluimos recordando la necesidad en nuestro quehacer teológico de un nuevo paradigma que nos permita comprender la obra redentora de Cristo cósmica. Es a través de este paradigma que podemos comprender íntegramente su plan de redención. Su acción redentora y transformadora es totalemente aplicable sobre las esferas de la vida humana, de la sociedad y sus estructuras, y del cosmos. El propósito de Dios es que el cosmos sea restaurado a una relación armoniosa con el Creador, donde el pecado será eliminado y toda la creación será reconciliada.

---

126   AUER, Johann y RATZINGER, Joseph. *Curso de teología dogmática. Tomo III. El mundo creación de Dios*. Barcelona: Editorial Herder, 1979, p. 43.

127   NYENHUIS, Gerald. *Ética cristiana: un enfoque bíblico-teológico*. Miami, Florida: Editorial Unilit, 2002, p. 320.

128   WRIGHT. *Viviendo como pueblo de Dios,* pp. 104-106.

CAPÍTULO 3

EL MODELO ESCATOLÓGICO: LA NUEVA JERUSALÉN COMO ELEMENTO ECOLÓGICO

3. El modelo escatológico: La Nueva Jerusalén como elemento ecológico.

La creación presente ha sido drásticamente afectada por el pecado. La Caída provocó la entrada del pecado y de la muerte, provocando la corrupción de la presente creación, convirtiéndola en un lugar de rebelión. Es por ello que necesitamos una teología de la esperanza en Cristo y en su Segunda Venida, que nos informe adecuadamente e inspire hacia el cuidado de la creación. Volver la mirada al Génesis, como lo hace Boff, que mira hacia el paraíso recobrado, y afirmar su verdad acerca de nuestro mundo no es suficiente. La ecología bíblica nos enseña a valorar la creación en el presente, en razón «de donde vivo», pero también a valorarla por su destino final, escatológicamente.[129] Es por ello que debemos tender nuestra mirada hacia la «nueva Jerusalén»,[130] modelo de armonía, sanidad y restauración: shalom. Albert Wolters respecto al desarrollo de la creación, dice: «la Biblia comienza con un jardín y termina en una ciudad, una ciudad llena de la gloria y honra de las naciones».[131]

---

129 WRIGHT. *La misión de Dios,* p. 541. La escatología es «aquel sector de la teología al que incumbe reflexionar sobre el futuro de la promesa aguardado por la esperanza cristiana. La Biblia comprende la creación en función de la consumación escatológica: alfa es para omega, y no viceversa; en la teología del Antiguo Testamento la creación es un concepto escatológico. Dicho brevemente: Dios crea por amor; mas el amor promete perennidad; luego la vida surgida del amor llega a la existencia con una pretensión definitiva, es vida eterna». (RUIZ DE LA PEÑA, Juan L. *La pascua de la creación.* Madrid: Biblioteca de Autores Cristianos, 1996, p. 30).

130 Véase Apocalipsis 21:2.

131 WOLTERS, Albert. *La creación recuperada.* Medellín, Colombia: Poiema Publicaciones, 2013, p. 38.

En primer lugar, a modo de introducción, queremos vislumbrar la nueva creación desde las profecías veterotestamentarias, para acto seguido, desarrollar una breve descripción de la nueva Jerusalén según la visión de Juan. Prestaremos especial atención a tres figuras ecológicas: el agua de vida (Ap.21:6), el río limpio de agua de vida (Ap.22:1) y el árbol de la vida (Ap.22:2). Por último, pretendemos ofrecer un modelo ecológico-escatológico que constituya para nosotros una nueva cosmovisión y produzca un mayor anhelo por la Jerusalén celestial.

3.1 La visión escatológica veterotestamentaria

La interpretación escatológica del Antiguo Testamento descansa sobre la convicción de que el propósito redentor divino, aunque se inicia en Israel, finalmente abarcará a todas las naciones y a toda la Tierra, culminando en una nueva creación transformada y perfecta. [132] Nos referimos a la culminación de la visión ecológica-escatológica del Antiguo Testamento que se halla en Isaías 65-66, principalmente en la visión de Isaías 65:17-25, y especialmente con las palabras: «he aquí que yo crearé nuevos cielos y nueva tierra; y de lo primero no habrá memoria».[133] Esta visión de Isaías describe sin lugar a dudas, la nueva creación de Dios como un lugar gozoso, de vida plena, ecológicamente perfecta y segura; libre de maldición, de dolor y de lágrimas. Esta esperanzadora visión optimista culmina a su vez con las promesas que encontramos en: Jeremías 31:31-34; 32:37-43, Isaías 61:1-11; 65:17-25; 66:22, Ezequiel 16:59-63; 36:25-29.

---

132   WRIGHT. *Viviendo como pueblo de Dios,* pp. 104-106.
133   Isaías 65:17.

3.2 La visión escatológica neotestamentaria

> Vi un cielo nuevo y una tierra nueva; porque el primer cielo y la primera tierra pasaron, y el mar ya no existía más. Y yo Juan vi la santa ciudad, la nueva Jerusalén, descender del cielo, de Dios, dispuesta como una esposa ataviada para su marido. Y oí una gran voz del cielo que decía: He aquí el tabernáculo de Dios con los hombres, y él morará con ellos; y ellos serán su pueblo, y Dios mismo estará con ellos como su Dios.[134]

Estos primeros versículos del penúltimo capítulo de Apocalipsis engloban la visión de la nueva creación. El lenguaje metafórico usado por Juan posibilita que percibamos algo de la realidad de la nueva creación. Dios no abandonará su creación, aun a pesar de la crisis que le sobrevendrá al mundo en la Segunda Venida de Cristo, no destruirá la creación.[135] La promesa del nuevo cielo y la nueva tierra será la continuación de la tierra que hoy conocemos, eso sí purificada por fuego.[136] Aunque Dios hace nuevas todas las cosas,[137] Dios no eliminará su primera creación, sino la renovará total y perfectamente dándonos un mundo nuevo y mejor. Apocalipsis describe la nueva creación con su ciudad, la nueva Jerusalén. Éste es nuestro modelo ecológico ideal.

---

134   Apocalipsis 21:1-3, énfasis añadido.

135   Véase 2 Pedro 3:10-13. El día del Señor traerá el fuego del juicio y una conmoción catastrófica de toda la creación. Dios prometió la renovación de todas las cosas (Is.65:17; 66:22 Rom.8:19-22, Hch.3:21)

136   WOLTERS. *La creación recuperada*, p. 37.

137   Cf. Apocalipsis 21:5.

En primer lugar, se encuentra una descripción altamente alegórica basada en piedras preciosas y números simbólicos.[138] Este conjunto de símbolos que encontramos en una primera descripción nos indican el bienestar y la abundancia de la ciudad (calles de oro, joyas). Seguidamente los vínculos que encontramos con la historia de la salvación (patriarcas, apóstoles, el número doce) denotan la obra de salvación. Si los cielos nuevos y tierra nueva nos hablan de la perfección de la creación, la nueva Jerusalén expresa la perfección de la obra de salvación. Al contrario de la Babilonia pecadora,[139] la nueva Jerusalén es la morada de Dios entre los hombres, el tabernáculo de reunión, el lugar de la comunión perfecta entre Dios y los hombres.[140] Entendemos en clave cosmológica el descenso de la Jerusalén celestial,[141] ya que esta no es separada de Dios. Este movimiento de descenso escatológico es un movimiento, de algún modo, similar al de la encarnación:

> El Hijo sin abandonar el seno del Padre,
> se encarnó en la tierra, y la Jerusalén
> celeste, sin dejar a Dios, se hará terrena
> descendiendo al cosmos, abrazándolo,
> desposándose con él, revistiéndolo de la
> incorruptibilidad propia de Dios.[142]

---

138   Véase Apocalipsis 21:9-21.

STAM. *Las buenas nuevas de la creación, pp.* 56-57.

139   La Babilonia pecadora es representada en Apocalipsis 17:3-4 como la madre de todas las prostitutas y abominaciones.

140   FERNÁNDEZ RAMOS, Felipe. *El Apocalipsis, libro de la esperanza.* Salamanca: Ediciones Secretario Trinitario, 2011, p. 169.

141   Véase Apocalipsis 21:2.

142   AYAN CALVO, Juan José. *La promesa del Cosmos,* p. 85.

El cosmos desposado con la Jerusalén celestial pasará a ser la ciudad de Dios.[143] De esta forma el cielo anuncia que el cosmos se convertirá en habitáculo de Dios, y en él habitará con los hombres. Es en la nueva Jerusalén donde el hombre habitará con Dios, además gozará de vida continua y sabiduría inagotable.[144]

En segundo lugar, la narrativa cambia el estilo y nos ofrece una descripción socio-analítica de la nueva comunidad.[145] Juan describe un «nuevo orden internacional» que incluyen; relaciones armoniosas internacionales,[146] salud a las naciones a través de las hojas del árbol de la vida, y el ofrecimiento de gloria y honra de cada pueblo al Creador.[147] La sociedad de la ciudad celestial se caracteriza inicialmente por constituirse libre de pecado, esto establece una cosmovisión completamente diferente a lo que nosotros hoy conocemos. Por otro lado, encontramos en la simbología del agua un nuevo uso: el de dar vida. Cristo hace nuevas todas las cosas y reconstruye la simbiosis de la creación, uniendo en la nueva Jerusalén jardín y ciudad, árboles y calles.[148] Es aquí donde queremos detenernos, veamos tres versículos en concreto:

> Y me dijo: Hecho está. Yo soy el Alfa y la
> Omega, el principio y el fin. Al que tuviere

---

143   *Ibíd.,* pp. 84-87.
144   Cf. Apocalipsis 21:3
145   Véase Apocalipsis 21:22-22:5. STAM. *Las buenas nuevas de la creación, pp.* 56-57.
146   Véase Apocalipsis 21:24-26.
147   Véase Apocalipsis 22:2, 24, 26.
148   Véase Apocalipsis 21:5; 22:1ss.

> sed, yo le daré gratuitamente de la fuente
> del agua de la vida.[149]

Este verso es similar al que aparece en Apocalipsis 7:17 donde el Cordero «los guiará a fuentes de aguas de vida». La metáfora de la sed es tomada de Isaías 55:1 para expresar una profunda necesidad espiritual. Representa también un cumplimiento de Cristo en Juan 4:10ss. Durante su ministerio terrenal, Jesús habló de sí mismo como «el agua de vida».[150] Hay varios pasajes en el A.T que aluden el agua como símbolo de bendición (Is.12:3; 35:7, Jer.17:13, Sal.46:4). El agua que sana, sustenta, restaura y vivifica al necesitado y al menesteroso, a la viuda y al niño, a las mujeres como a los hombres, a aquellos que no lo merecen, pero que han entrado en la nueva Jerusalén por los méritos del Cordero.

> Después me mostró un río limpio de agua
> de vida, resplandeciente como cristal, que
> salía del trono de Dios y del Cordero.[151]

El agua pura que fluye del rio limpio del trono de Dios contrasta considerablemente con el agua sucia y contaminada que existe en la Tierra. En la ciudad celestial no existirá más ni la contaminación, ni la polución que hoy día sufre

---

149 Apocalipsis 21:6, énfasis añadido.
150 Véase Juan 4:10, 13, 14; 6:35; 7:37-39.
151 Apocalipsis 22:1, énfasis añadido. Véase Ezq.47:1,12 y Zac.14:8.

la creación.[152] La desobediencia del hombre causó la entrada del pecado y de la muerte (Gn.3; Rom.5:12). Pero la muerte y resurrección de Cristo han provisto el medio perfecto para poner fin al pecado y a la muerte. La entrada en la ciudad es para aquellos que tienen sus nombres inscritos en el libro de la vida. «La redención de Dios devolverá la nueva creación al estado del huerto del Edén y a la intención del Creador con la humanidad».[153].

Acto seguido desde que el pecado entra en el mundo, el hombre es expulsado del huerto del Edén. Desde aquel día hasta hoy, el hombre ha intentado e intenta vivir en su «huerto», pretendiendo recrear con sus construcciones modelos exactos al huerto del Edén; La Torre de Babel, la Babilonia con sus jardines, la Torre Eiffel con su Campo de Marte,[154]o la misma Alhambra en Granada con su palacio y sus Jardines del Generalife. Esto muestra la necesidad del hombre irredento en un mundo manchado por el pecado, que busca un modelo de ciudad perfecta donde vivir en armonía. «Sion fue un intento misionero divino de mostrar al mundo lo que la ciudad de Dios debía ser (Sal.46:4, 2Cro.9:8)».[155] Lo cierto es que debemos entender las necesidades del ser

---

152   Véase Génesis 3:17-18., en contraste con Apocalipsis 21:27: «No entrará en ella ninguna cosa inmunda, o que hace abominación y mentira, sino solamente los que están inscritos en el libro de la vida del Cordero».

153   CARBALLOSA, Evis. *Apocalipsis: La consumación del plan eterno de Dios.* (11ª Edición) Grand Rapids, Michigan: Editorial Portavoz, 1997, p. 444.

154   El Campo de Marte son los grandes jardines situados a los pies de la Torre Eiffel.

155   GONZÁLES, Carlos. *"El Agua: vehículo y lugar de encuentro para la misión de Dios." Misiopedia.com*, mayo de 2008, p. 10.

humano perdido en su pecado y ofrecerle el agua de vida de la ciudad celestial, aquella que calma la sed, y mostrarle «los patrones y leyes del reino de Dios, señalándoles la ciudad-jardín `cuyo constructor y arquitecto es Dios´ (Hb.11:10)».[156] No es suficiente dar agua, es necesario quitar la sed. De la misma manera, no es suficiente la actitud o el trabajo ecológico que podamos llevar a cabo, es necesario hacerlo desde la perspectiva del Creador.[157]

> En medio de la calle de la ciudad, y a uno
> y otro lado del río, estaba el árbol de la
> vida, que produce doce frutos, dando cada
> mes su fruto; y las hojas del árbol eran para
> la sanidad de las naciones.[158]

¿Existirá aun la necesidad de sanidad? En el huerto del Edén el árbol de la vida se encontraba en medio del huerto (Gn2:9), pero con la entrada del pecado en el mundo el hombre perdió el privilegio de acceso directo al árbol (Gn.3:22-24). Sin embargo, en la ciudad celestial el árbol de la vida se extiende a uno y a otro lado del río, ofreciéndole al hombre el acceso directo a los frutos y hojas de la sanidad. No porque sea necesario, sino porque la nueva Jerusalén se caracterizará por la ausencia del pecado y del mal. Todo cuanto en ella hay y existe es santo y perfecto.

En la nueva Jerusalén Dios restaura todas las relaciones (Dios-ser humano-creación) para dar paso al

---

156   *Ibíd.,* p. 10.
157   GONZÁLES, Carlos. "El Agua: vehículo y lugar de encuentro para la misión de Dios," p. 9.
158   Apocalipsis 22:2, énfasis añadido.

shalom. «No solo serán unidos y purificados los pueblos, sino también todos sus logros, sus riquezas, y su gloria».[159] Porque el propósito de Dios es el de «reunir todas las cosas en Cristo»,[160] y «por medio de él reconciliar consigo todas las cosas, así las que están en la tierra como las que están en los cielos, haciendo la paz mediante la sangre de su cruz».[161] «La nueva creación devuelve al hombre el propósito original de Dios».[162] El Espíritu le dio a Juan la visión del Apocalipsis con la intención de que éste la escribiera, y de ésta forma animara a los creyentes a vivir en esperanza futura para el presente.

> El agua, la sanidad y la vida que Dios proporciona aquí son anticipo del cielo, son un llamado misionero de Dios mismo a través de sus siervos y del Espíritu Santo. Cada nuevo pozo cavado o saneado, cada fuente, cada proyecto de desarrollo, cada expresión genuina de vida, es un grito escatológico que anuncia la vida en plenitud que Dios ha preparado para los que le aman (1Cor.2.9).[163]

Nuestra esperanza escatológica de «la nueva Jerusalén» a través de «nuevos cielos y tierra nueva» se viste con el manto de eco-espiritualidad reconciliadora. Estamos llamados a actuar por esa esperanza, «un cielo nuevo y una tierra nueva», confiados en que un día el mismo Dios Creador

---

159   WRIGHT. *Viviendo como pueblo de Dios,* pp. 151-152.
160   Véase Efesios 1:10.
161   Véase Colosenses 1:20.
162   WRIGHT. *Óp. Cit.,* p. 94.
163   GONZÁLES. "El Agua: vehículo y lugar de encuentro para la misión de Dios." p. 12.

habitará con nosotros, y él mismo nos «enjugará toda lágrima de los ojos; y ya no habrá muerte, ni habrá más llanto, ni clamor, ni dolor; porque las primeras cosas pasaron».[164] Y sabemos que, esta esperanza es firme y no defrauda «porque el amor de Dios ha sido derramado en nuestros corazones por el Espíritu Santo que nos fue dado».[165] La nueva creación es el final glorioso de la acción de Dios.

---

164   Cf. Apocalipsis 21:1ss.
165   Cf. Romanos 5:5.

CAPÍTULO 4

TEOLOGÍA BÍBLICA DE LA ECOLOGÍA: «ECOTEOLOGÍA»

4. Teología bíblica de la ecología:«Ecoteología»

En los tres capítulos anteriores hemos expuesto las diferentes tipologías del pecado: individual, colectivo y ecológico. Seguidamente, mostramos la dimensión cósmica de la redención de Cristo, de manera que, la redención de Cristo afecta tanto al individuo, a la sociedad, como a la totalidad del cosmos. Por último, escogimos tender nuestra mirada a lo escatológico, y utilizar el modelo bíblico de la nueva Jerusalén como elemento idóneo para la ecología. Ahora vamos a culminar todo lo anterior en un intento de articular una teología bíblica de la ecología.

Al acercarnos al campo de la ecología dentro del discurso teológico no debemos limitarnos a entender ésta como un movimiento verde[166] ni como un movimiento cuyo objetivo principal sea preservar las especies en extinción. La exégesis bíblica nos debe conducir a un modelo ecológico dentro de un marco de pensamiento para pensar la creación, defendiendo la identidad de Dios para su creación y la del ser humano. La amenaza a la creación y la injusticia contra esta y hacia los más desfavorecidos debe de incitar, sobre todo en cada hijo de Dios, un nuevo celo espiritual por el cuidado sobre la creación de Dios. Es necesaria en nuestras vidas una teología ecológica, donde la creación actúe como puente interlocutor entre teología y ecología. Ha de llegarse a un nuevo aprecio de la naturaleza y a un nuevo respeto por la vida de las demás criaturas. Es necesaria la integración en la comunidad de la creación, de la que nos habíamos

---

166   Llamado así al movimiento político, social, y global, que defiende la protección del medio ambiente.

desprendido a causa del pecado. Hemos de comprender de nuevo que la naturaleza y nosotros mismos somos creación de Dios y, en nombre de la creación divina, debemos enfrentar la destrucción del ecosistema. Los seres humanos pertenecen a la naturaleza y dependen de ella, es por ello que las personas no solamente sean seres sociales y generacionales, sino también seres naturales. Esta dimensión que se constituye entre el medio ambiente natural y la relación de los seres humanos con el resto de la creación sólo puede desarrollarse en un adecuado equilibrio con las condicionantes cósmicas del organismo de la tierra. Para Moltmann es necesario reformar a fondo la «religión de la modernidad»,[167] de forma que el hombre no pueda separar a Dios de la naturaleza, sino más bien, «el ser humano debe percibir a Dios en la naturaleza y la naturaleza en Dios».[168] Con esto no queremos

---

167   Con esta expresión Moltmann se refiere a la principal implicación en la misión de la Iglesia de Cristo en la reforma ecológica. Esta es para Moltmann la principal y más urgente tarea de la teología actual. La condición necesaria para un cambio ecológico de la moderna sociedad industrial que consiste en que se produzca previamente un cambio espiritual y cultural que hunda sus raíces en una nueva experiencia religiosa de la realidad de Dios y de la naturaleza.

168   MOLTMANN, Jürguen. *La justicia crea futuro*, pp. 25,28.

dar lugar a un posible panteísmo[169] o panenteísmo,[170] con lo que tendamos a sacramentar o divinizar la naturaleza como muchos de los teólogos católicos, entre ellos Leonardo Boff, se posicionan, sino más bien construir una espiritualidad ecológica que nos enseñe a abrazar al Cosmos y al Dios del Cosmos. Deseamos conocer la naturaleza para colaborar con ella en la tarea de dominación y gobierno bíblico.

Por nuestra parte, pretendemos en primer lugar, exponer una correcta teología bíblica de la creación de Dios: la creación ha sido creada para gloria de Dios y esta le pertenece. En segundo lugar, explicitaremos los motivos principales de la crisis ecológica, para observar el desarrollo ético de la problemática actual. Por último, trazaremos el problema ecológico desde una perspectiva misional para la iglesia, creemos que más allá de un problema medio

---

169   No se debe confundir el panenteísmo con el panteísmo. Etimológicamente, panteísmo (en griego: *pan* = todo; *theós* = Dios) quiere decir: Dios y el universo son idénticos. Dios es el universo y el universo es Dios. (KERBER, Guillermo. Ecología, nueva cosmología e implicaciones teológicas).

170   Etimológicamente, panenteísmo (en griego: *pan* = todo; *en* = en; *theós* = Dios) quiere decir: Dios en todo y todo en Dios. Dios está presente en el cosmos y el cosmos está presente en Dios. «El principio central del panenteísmo es que el universo es Dios, pero que Dios es más que el universo. En otras palabras, Dios está involucrado en todos los eventos y, por tanto, en perpetuo cambio y crecimiento dinámico». (HEWITT, Martin. "Revista Iglesia y Misión". El Dios cercano, el Rey de gloria. Núm.56. Fundación Kairós.) El concepto panenteísmo, recuerda Jay Mac Daniel, fue acuñado, en el siglo diecinueve por K. F. C. Krause (1781-1832) pero en los últimos años, en el contexto de la preocupación ecológica, el término ha sufrido una reconceptualización, que implica una forma ecológica de pensar acerca de Dios. (KERBER, Guillermo. Ecología, nueva cosmología e implicaciones teológicas. .

ambiental,[171] existe una oportunidad donde la iglesia no sólo debe de ser sal y luz, sino también debe ser consciente del desafío contemporáneo al que se enfrenta toda la humanidad para una praxis alternativa en nuestras relaciones con la naturaleza y con nosotros mismos. Será entonces cuando tendiendo nuestra esperanza y mirada hacia la nueva Jerusalén, podremos volver al diseño original y perfecto de Dios para toda su creación. Un diseño que se caracteriza por el shalom integral en la creación; una simbiosis que armoniza plenamente al ser humano con Dios, consigo mismo, con sus semejantes y con el resto de la creación.

---

171   «La crisis ecológica pretende hacernos creer que se trata de un problema que sólo afecta a zonas como la Selva Negra o las cuevas del Rhin (Alemania). Lo cual es una ingenuidad por nuestra parte, porque en verdad se trata de una crisis de toda nuestra civilización científico-técnica. Por ello la gran importancia de buscar una solución que produzca un giro radical en el mundo de nuestra sociedad, porque de lo contrario, esta crisis ecológica desembocará en en una catástrofe generalizada, en la «muerte ecológica» de la tierra y de sus habitantes». (MOLTMANN, Jürguen. *La justicia crea futuro*. Santander: Editorial Sal Terrae, 1992.p.78)

4.1 La creación: propiedad divina

> He aquí, de Jehová tu Dios son los cielos,
> y los cielos de los cielos, la tierra, y todas
> las cosas que hay en ella.[172] De Jehová es
> la tierra y su plenitud; el mundo, y los que
> en él habitan.[173] ¿Quién me ha dado a mí
> primero, para que yo restituya? Todo lo
> que hay debajo del cielo es mío.[174]

Estos versículos afirman la propiedad divina de toda la creación. A Dios le pertenece todo lo creado, porque Él mismo lo creó. Esto nos muestra que, si la creación le pertenece a Dios, al ser humano no le puede pertenecer, por lo cual, no somos dueños de este planeta, Dios es el propietario de la Tierra y nosotros somos sus inquilinos en disfrute como residentes[175]. Es por ello que nuestra conducta debe reflejar que así lo creemos. De manera que, Dios nos hace responsables ante Él por la forma en que tratamos su creación.

> El hecho de que la Tierra pertenezca
> exclusivamente a su Creador, y que sea
> buena y de valor para Él, implica que no
> es algo neutro, amoral, de lo cual podemos
> disponer, comercializar o abusar como si
> fuese nuestro. De hecho, destruir, abusar
> de o contaminar la creación daña y ofende

---

172   Deuteronomio 10:14.

173   Salmo 24:1.

174   Job 41:11. Dios a Job en el contexto del recitado de todas las obras de Dios.

175   Véase Salmo 115:16. Esto no implica un arrogante uso y disfrute desordenado por parte del ser humano, la Biblia evita cuidadosamente esta suposición altanera.

a su Creador. Asimismo, si existe para la gloria y alabanza a Dios igual que nosotros, como asevera Apocalipsis 4:11, (...) tenemos la obligación, como administradores suyos, de ayudar al resto de la creación a cumplir ese mismo propósito, trabajando para que alcance su máximo nivel de perfección. Esto también implica que, como Él nos ha mandado amarle, deberíamos tratar con honor, respeto y cuidado todo lo que le pertenece, ya que amar a Dios involucra valorar las cosas creadas tal como Él las valora.[176]

Como ya puntualizamos anteriormente en nuestro primer punto, una de las dimensiones que son aplicables a la afirmación de que la creación es propiedad divina, es la bondad de esta. Uno de los puntos más enfáticos de Génesis 1-2 es que la creación es buena, hasta seis veces Dios declara que su obra es buena. El relato hebreo de la creación define que una buena creación sólo puede ser obra de un Dios bueno. La bondad de la creación refleja el carácter bondadoso de Dios.[177] La bondad de la creación pertenece a su misma esencia, no depende de nuestra presencia en ella, ni mucho menos de nuestra capacidad para percibirla.[178]

Aludimos ahora, a las dimensiones de trascendencia e inmanencia de Dios. Resulta sumamente importante salvaguardar un equilibrio entre la trascendencia e

---

176   WICKHAM. *Ecología y cambio climático,* pp. 120-121.
177   Véase Salmos 19; 29; 50:6; 65; 104; 148, Job 12:7-9, Hechos 14:17; 17:27, Romanos 1:20.
178   WRIGHT. *La misión de Dios,* p. 530.

inmanencia de Dios.[179] Podemos decir que mientras Dios es infinito, ilimitado, y no depende de nada ni de nadie, la creación sí es limitada, finita, y depende de su Creador. Es por lo que debe de existir un equilibrio «entre su participación íntima en cada aspecto de su creación (Salmo 139), y su distinción radical de la creación».[180]

Otras de las dimensiones que se sugieren con la consideración de que la creación es obra de Dios, son las de gobierno, la providencia, y la conservación de lo creado.[181] Aunque dichas terminologías mantienen su relevancia dentro del marco de la teología de la creación, las pasaremos desapercibidas en la línea de nuestro trabajo, de modo que no vamos a detenernos en exponer y explicar dichos términos, pues cada una mantiene un extendido discurso teológico.

Sin embargo, queremos detenernos en la dimensión final y eterna del propósito de la creación. Si hacemos uso de la afirmación bíblica de que todo lo creado pertenece a Dios, seguidamente nos surge la pregunta sobre el sentido y el propósito de la Creación. ¿Cuál es la principal meta de la creación? Proponemos responder como el Catecismo

---

179   La trascendencia de Dios destaca el hecho de que Él es radicalmente separado de su creación, es decir, Dios está por encima y aparte de lo creado. La inmanencia de Dios lo involucra en el mundo físico. Si ponemos énfasis en la inmanencia de Dios y dejamos a un lado su trascendencia nos llevará al error del panteísmo. Si, por el contrario, hacemos un énfasis en su trascendencia y menospreciamos su inmanencia, nos llevará a contemplar el mundo físico como insignificante, un mero instrumento de explotación.
180   NYENHUIS, Gerald. *Ética cristiana: un enfoque bíblico-teológico.* Miami, Florida: Editorial Unilit, 2002, p. 318.
181   RUIZ DE LA PEÑA. *Teología de la creación,* p. 124.

Abreviado de la Confesión de Fe de Westminster[182] lo hace respecto al propósito final del hombre. Si el fin principal del hombre es dar gloria a Dios y disfrutar para siempre de su presencia, expresamos que, «la creación existe para la gloria y alabanza de su Dios Creador y para el mutuo disfrute».[183] La única diferencia respecto al resto de la creación, es que los seres humanos debemos glorificar a Dios en términos humanos, correspondiendo a la condición de ser hechos a imagen de Dios. Es decir, glorificamos a Dios con todo lo que refleja la imagen de Dios, alabamos a Dios con nuestro corazón, con las manos y con la voz, con la razón y con los sentimientos, con el arte y con la música, con el trabajo, etc. en definitiva, con todo lo que integralmente somos. Esto es algo que compartimos con el resto de la creación. Aunque no comprendamos de qué forma la creación rinde alabanza a Dios, ni cómo Dios la recibe, no podemos negar esta afirmación a lo largo de toda la Biblia en que la creación alaba a Dios. La creación ya alaba a Dios (Salmo 145:10,21; 148), existe una respuesta de gratitud que se atribuye a criaturas no humanas. Varios pasajes bíblicos vinculan la gloria de Dios con la plenitud de la tierra,[184]el lenguaje de la plenitud es una característica de la narrativa de la creación.[185]

---

182   «La Confesión de Fe de Westminster es un breve resumen teológico apologético del credo cristiano protestante calvinista promulgado en 1646. Recoge la ortodoxia doctrinal de las Iglesias Reformadas nacidas del movimiento calvinista en Gran Bretaña, cuyas raíces históricas están en la doctrina expuesta por Juan Calvino durante el siglo XVI en Ginebra, Suiza».

183   WRIGHT. *La misión de Dios*, p. 538.

184   Véase Génesis 1:20-22, Salmos 24:1; 50:12; 104:24.

185   WRIGHT. *La misión de Dios*, pp. 538-539.

4.2 La crisis ecológica

Como ya adelantamos en nuestro enfoque bíblico al problema ecológico, la crisis ecológica comenzó con la Caída del hombre, la cual significaba la pérdida de la imagen de Dios en el ser humano y provocó la disociación de la armonía de la que gozaba todo el Cosmos. La base de nuestra creencia respecto a la crisis ecológica, está revelada claramente en la Palabra de Dios, en la que el propósito original del plan de Dios sobre la creación original, implica la redención y total restauración a través de la Persona y Obra de Jesucristo[186]. Dios está trabajando por una nueva creación en un hábitat restaurado, pero hasta la Segunda Venida de Cristo los cristianos evangélicos debemos de ser conscientes de que existe un orden moral para el buen uso de los recursos de la creación.

La Biblia nos habla de la relación equilibrada que disfrutaba el hombre con la creación antes de la entrada del pecado, sin embargo, esta descripción es muy distinta a la realidad que vemos hoy. Las modernas sociedades industriales son las primeras que han prescindido de las leyes y los ritmos de la naturaleza, dejándose guiar por los deseos e ideas humanistas, mientras tanto, la naturaleza protesta muriendo silenciosamente. Como bien predijo Francis Bacon, la ciencia y la técnica habrían de convertir a la naturaleza en «esclava del hombre».[187] La principal causa de la crisis ambiental reside en omitir las condiciones y finalidades inscritas en la naturaleza y en su funcionamiento.

---

186   Véase Romanos 8:19-22.
187   MOLTMANN. *La justicia crea futuro,* p. 26.

El Papa Benedicto XVI nombra esta irresponsabilidad humana y especifica:

> La tierra ha quedado reducida a un laboratorio al aire libre donde poder experimentar sin control (...) en nuestras relaciones con la naturaleza existe algo que no funciona: que la materia no es solamente un material para nuestro uso, sino que la tierra tiene en sí misma su dignidad y nosotros debemos de seguir sus indicaciones.[188]

Para el hombre postmoderno, la naturaleza es meramente una oportunidad egoísta, en la que se puede disponer de ella según convenga. Ante esta realidad sólo existe la consideración ética individualista en la que se excluye un daño inmediato y evidente hacia otras personas. Para justificar esta idea se ha echado mano del concepto «desarrollo sostenible», que pretende considerar los intereses de todos los habitantes del planeta. Pero esto no deja de ser nada más que una utopía, ya que beneficia más a una pequeña parte de los países occidentales, donde el daño ecológico, sobre todo a largo plazo, se manifiesta de manera evidente en todos los países catalogados como Tercer Mundo. [189] Este modelo humano no resulta efectivo para hacer frente a los problemas ambientales, al menos mientras no parta de unos principios de igualdad y solidaridad. Lo interesante es que este modelo económico-social lo encontramos en la Biblia. En el Pentateuco, Dios

---

188   BENEDICTO XVI. *Vida humana y ecología*. Madrid: Ed. Palabra, 2013, p. 173.
189   WICKHAM. *Ecología y cambio climático,* p. 116.

dio al pueblo de Israel las normas éticas que éste debía de obedecer para impedir las desigualdades socioeconómicas y sus respectivas consecuencias ecológicas.[190] Las leyes sabáticas, la liberación y retorno de los esclavos, el trato responsable de la tierra, etc. son algunas de las normas éticas que, de obedecerse y cumplirse por el hombre, no existirían los problemas ecológicos que al día de hoy enfrenta la Humanidad. Moltmann aclara que, aunque siempre han existido catástrofes medioambientales (consecuencias de la Caída), hasta hace poco, la naturaleza era capaz de reaccionar ante ellas regenerando la vida y diversidad de los seres vivos. En cambio, hoy vemos como se extinguen especies enteras de vegetación y animales sin que nadie pueda evitarlo.[191]

> Sólo una conversión radical y completa del estilo de vida del hombre y de los modos de producción de la industria podría evitar la muerte ecológica de la humanidad. Necesitamos una reforma ecológica de nuestra sociedad, de la producción, del consumo, del transporte... Lo cual es perfectamente factible desde el punto de vista técnico, con tal de que se desee desde el punto de vista político.[192]

---

190   *Ibíd.,* p. 132.
191   Citado por MOLTMANN, Jurgüen. *La justicia crea futuro,* p. 77.
192   *Ibíd.,* p. 26.

4.2.1 Ecopecados de la humanidad

A continuación, nos centraremos en considerar los más importantes aspectos del problema medio ambiental. Lo haremos de manera introductoria, con la perspectiva de ofrecer una idea tangible de los «pecados» ecológicos que han provocado la actual crisis planetaria, y que desde hace años vienen constituyendo una preocupación general. Para ello nos limitaremos a exponer cada aspecto de manera resumida, con la idea de que sirva como precedente para un mayor estudio en profundidad. Las causas de esta nueva preocupación ecológica son muy evidentes; especialmente en su relación una con otra:

El calentamiento global[193] es el factor que, posiblemente más reacciones despierten en la opinión pública, ya que afecta a elementos que resultan esenciales para la vida, tales como el aire o el agua. Esto viene causado por los distintos gases contaminantes que se emiten a la atmósfera, principalmente el dióxido de carbono CO_2 producido por la combustión de los hidrocarburos.[194] Durante los últimos veinte años ha habido un incremento en el número de científicos que, entendiendo tal preocupación medioambiental, han publicado numerosos estudios indicando un incremento en la temperatura de la Tierra y sus respectivos efectos.[195]

El crecimiento demográfico, el aumento de

---

193   También conocido por polución ambiental o contaminación de la biosfera.

194   CRUZ SUÁREZ. *Bioética cristiana: una propuesta para el tercer milenio,* p. 404.

195   WICKHAM. *Ecología y cambio climático,* p. 79.

la población incide de igual forma sobre la miseria y degradación del ecosistema. Desde hace siglos la población va en aumento. Es a partir de la Segunda Guerra Mundial cuando se ha percibido un drástico incremento de la tasa de crecimiento. A esto se le suma la desnutrición y el hambre que viene causada por la sobre explotación de los recursos naturales.[196] Este factor se centra principalmente en los países menos desarrollados, donde el desequilibrio y el crecimiento incontrolado es, en la mayoría de los casos, el resultado de la pobreza. Se estima que la población mundial supere los 9.000 millones para 2045.[197]

---

196   STOTT. *La fe cristiana frente a los desafíos contemporáneo*, p. 140.
197   WICKHAM. *Ecología y cambio climático*, p. 43.

La extenuación de los recursos naturales. En 1972 el llamado «Club de Roma»[198] llamó la atención del mundo acerca de las limitaciones de las reservas naturales de la tierra (materias primas, fuentes energéticas y de alimentación). Según este estudio, se pronosticaba que las reservas de mercurio duraran 13 años, las de plomo 15, 17 las de oro, 18 las de cinc, 20 las de plata y platino, 25 las de estaño, 40 las de cobre. Todo debido a que el consumo de estas fuentes de energía se duplica cada once años. El incremento incesante

---

198   El Club de Roma, es un grupo internacional de distinguidos empresarios, estadistas y científicos, los cuales llevaron a cabo un proyecto de estudio de dos años para estudiar las causas y consecuencias a largo plazo del crecimiento de la población, el capital industrial, la producción de alimentos, el consumo de recursos y la contaminación. Los resultados de su estudio fueron descritos para el público en general en la obra *«Los límites del crecimiento»*, publicado en 1972, poco antes de la crisis del petróleo. El libro desató furor y fue debatido por parlamentos y sociedades científicas. El trabajo fue interpretado por muchos como la predicción del juicio final, pero no era una predicción en ninguno de los sentidos. No trataba acerca de un futuro prefigurado. Contenía una advertencia, sin duda, pero también un mensaje promisorio. En ese momento, los autores concluyeron que, con las tendencias actuales de crecimiento continuado sin cambios, los límites al crecimiento físico del planeta se alcanzarían en los próximos 100 años. Después de 20 años, en 1992, se volvió a escribir otra obra, que viene siendo la secuela del pionero con el título *«Más allá de los límites del crecimiento»* cuya obra no solo la utilizamos en nuestro proyecto, sino que también animamos a que toda persona puede llegar a leer por su gran relevancia. Los autores muestran que el mundo ya ha sobrepasado algunos de sus límites, y si las tendencias actuales no cambian, nos enfrentamos a la perspectiva casi segura de un colapso económico global en el próximo siglo. (Cf. MEADOWS, Donella. *Más allá de los límites del crecimiento*. Madrid: Ediciones El País/Aguilar, 1992, pp. 9-21). En 2004 se publica (en español por la editora *Galaxia Gutenberg*) la versión actualizada e integral de las dos versiones anteriores, con el título *«Los límites del crecimiento: 30 años después»*. En esta versión se actualizan e integran las dos versiones precedentes.

y ascendente de la demanda de recursos naturales tiende directamente al colapso planetario.[199]

La carrera armamentista. Según datos ofrecidos por el World Armaments and Disarmament Yearbook, con el presupuesto que países desarrollados como EE.UU gastan en armamento en tan solo un día sería posible alimentar durante un año a medio millón de niños. Estas cifras son demoledoras, pero, por el contrario, los países subdesarrollados en vez de invertir el dinero en energía o bienes de consumo básico, gastan su presupuesto en armamento.[200]

Resultaría ilusorio si pretendemos vencer a esta crisis ecológica con la victoria sobre alguno de estos aspectos, la estrategia pasaría más bien por una efectividad de ataque a la vez sobre todos estos factores.[201]

---

199   RUIZ DE LA PEÑA. *Teología de la creación*, pp. 184-185.
200   *Ibíd.*, p. 186.
201   *Ibíd.*, p. 187.

4.3 Trasfondo y solución ética al problema ecológico

En el mundo en el que vivimos hoy, existe una enorme confusión acerca de la que debe de ser nuestra actitud frente al desafío ecológico, es más, la sociedad cristiana evangélica, ha quedado «paralizada» frente a esta crisis, «casi celebrando la destrucción del planeta tierra, citando con entusiasmo la decadencia como prueba del retorno de Cristo»[202] Gran parte de la confusión, como ya la vimos en nuestro enfoque bíblico, la ha tenido el historiador Lynn White, quien sostenía que el problema residía en el enfoque cristiano de que el hombre debe de gobernar y dominar la tierra según el mandato divino de Génesis 2:15. Pero esto es solo una mala interpretación exegética que busca responsabilizar a la tradición judeo-cristiana del problema ambiental. Al final y al cabo, no podemos buscar en la teología de la creación la responsabilidad de tantos abusos ecológicos, sino en el estilo de vida del hombre. Es necesario que el ser humano cambie su manera de pensar de vivir el momento presente[203] y que comience a elaborar una ética ecológica sabia y responsable.[204] Por supuesto que necesitamos, como ya hicimos alusión, una correcta perspectiva teológica de la creación: un correcto enfoque de Dios; un enfoque correcto

---

202   NYENHUIS. *Ética cristiana: un enfoque bíblico-teológico,* p. 315.

203   Este es el pensamiento filosófico más egoísta, insolidario e irresponsable en el que el ser humano podría caer: Vivir el momento presente al máximo bienestar posible sin que exista una preocupación por el mañana o por el mundo que heredaran las siguientes generaciones.

204   CRUZ SUÁREZ, Antonio. *Bioética cristiana: una propuesta para el tercer milenio.* Terrassa, Barcelona: Editorial Clie, 1999, p. 412-413.

de que el hombre y la mujer han sido creados a imagen de Dios, en comunión con Él; y por último, un correcto enfoque de la creación no humana, la cual es buena en gran manera y su propiedad es divina, a Dios le pertenece. Esto nos ayudará en nuestra búsqueda de una salida ética ante el problema ecológico, que dirija y controle los programas técnicos-científicos, que movilice a la población mundial y la motive a tomar decisiones correctas.[205] Randers y Meadows expresan: «En el próximo futuro tendremos que decidir la base ética sobre la que operar para utilizar lo imprescindible en un mundo con límites finitos».[206]

> La única vía de salida es, en suma, la edificación de una sociedad viable, basada en criterios de igualdad y justicia. Y como la ciencia no prescribe por sí misma lo que es bueno ni es competente para señalar los fines, los objetivos de valor, ha de intervenir, la decisión ética que regule las posibilidades científicas y guíe su utilización para el bien de la entera humanidad (...) La crisis ecológica acaba revelándonos que no puede haber buena ciencia sin buena conciencia, y que la solución no está en sustituir las tecnologías, sino en sustituir el egoísmo personal y colectivo por el altruismo, la codicia por una fraternidad efectiva y sacrificada, no retórica ni propagandística.[207]

---

205   RUIZ DE LA PEÑA. *Teología de la creación,* p.191.
206   *Ibíd.,* p. 191.
207   *Ibíd.,* pp. 192-193.

Como veremos a continuación, existen distintas vertientes éticas por donde la crisis ecológica nos ha llevado, estas son tres: el antropocentrismo, el biocentrismo y el teocentrismo.

4.3.1 Antropocentrismo

El enfoque antropocéntrico mantiene al hombre en el centro de la preocupación y por encima del resto de la creación. Tiende a considerar la creación como algo sin valor alguno, más allá de ser una fuente de beneficios. El mundo circundante es visto exclusivamente como espacio de la voluntad de dominio del hombre. [208]

4.3.2 Biocentrismo

Este enfoque ético se centra en la vida (bios), es decir, no otorga ningún estatus especial a los seres humanos, sino más bien lo considera igualitario el ser humano es una especie más entre otras de la tierra. Este enfoque tiene distintas versiones de sí mismo. Algunas religiones del mundo, tales como el hinduismo o el budismo, han abogado por algunas de las vertientes del biocentrismo, tendiendo al panteísmo, ya que hablan de Dios y se centran en la vida igualitaria.[209]

Otra de las vertientes de la ética biocéntrica es la conocida «hipótesis Gaia» planteada por James Lovelock, la cual constituye una totalidad viviente en la que la

---

208   STASSEN. *La ética del reino,* p. 447.
209   *Ibíd.*, pp. 449-450.

creación (vivientes y no vivientes) forman una unidad. Los movimientos de «Nueva Era»[210] y «ecología profunda»[211] han adaptado la tesis de Gaia para que sea una espiritualidad natural panteísta.[212]

Se han hecho intentos por formar versiones cristianas de la ética biocéntrica, pero para poder hacerlo han tenido que quitar importancia a la trascendencia de Dios, o incluso minimizar el pecado y la necesidad de redención, por el contrario se enfatiza en la bendición original de la naturaleza.[213] En este punto encontramos al teólogo católico Matthew Fox quien dice que debemos dejar a un lado la teología centrada en el pecado y la redención y debemos desarrollar una espiritualidad de creación.[214] También

---

210   El movimiento de Nueva Era abarca elementos místicos de las religiones tradicionales y orientales, y grupos neopaganos, tratando de reverenciar la naturaleza y adorándola a veces, como algo santo en si. Algunos cristianos han cometido el error de asociar el discurso ecológico con los movimientos neopaganos de la Nueva Era.

211   La *Ecología Profunda* es la vertiente más extremista. Propone cambios culturales, políticos, sociales, y económicos a casi a cualquier precio, con el fin de lograr una convivencia armónica entre el ser humano y el resto de seres vivos. La ecología radical, sacraliza la naturaleza hasta el punto extremo de elevar su protección por encima de la del ser humano. También llamada *«Deep ecology»* término acuñado por Naess en 1973 (Cf. BENEDICTO XVI. *Vida humana y ecología*. Madrid: Ediciones Palabra, 2013, p. 174).

212   STASSEN. *La ética del reino*, p. 450.

213   *Ibíd.*, p. 450.

214   NYENHUIS. *Ética cristiana: un enfoque bíblico-teológico*, p. 315.

señalamos a Thomas Berry, o incluso a San Francisco de Asís[215] quien ha sido nombrado patrón de los ecologistas, reconocido como el primer ecologista. Su enseñanza ecologista se basa en repensar nuestro lugar en el correcto orden creado, de tal forma que el bienestar humano esté integrado en el bienestar medio ambiental.[216] Sin embargo, Francisco manifiesta una mística personal de la naturaleza y sus criaturas en las que se solapan elementos: Dios, hombre, naturaleza en un múltiple entramado de relaciones. Para Schockenhoff, la teología de Francisco no cae en el error panteísta, sino que se trata de una interpretación con una radicalidad nunca antes vista.[217] Para nosotros se trata más bien de una versión cristianizada que se alimenta del misticismo natural.[218] Bíblicamente el hombre no es igual al resto de la creación, los humanos son los únicos que llevan la imagen de Dios, el hombre es corona de la creación.[219]

4.3.3 Teocentrismo

El enfoque teocéntrico rechaza los dos enfoques anteriores ya expuestos, e incluye a Dios para que sea el valor central. Las criaturas de Dios, incluido seres humanos, tienen

---

215   Con su obra «*Cántico de las Criaturas*» expresa de forma poética su pensamiento cristiano y reviste de especial importancia para la teología de la naturaleza en cuyo centro se encuentra la obediencia del hombre a su Creador y la gratitud respetuosa por el don de la creación. (Cf. SCHOCKENHOFF, Eberhard. Ética de la vida. p. 651).
216   BOROBIO GARCÍA, Dionisio. *Sacramentos y creación*. Salamanca: Ediciones Secretario Trinitario, 2009, p. 47.
217   SCHOCKENHOFF. *Ética de la vida, pp.* 650-659.
218   STASSEN. *La ética del reino*, p. 450.
219   Véase Génesis 1 y 2.

valor únicamente dentro de la comunidad creada por Dios. La clave aquí es mantener un equilibrio entre inmanencia y trascendencia de Dios. Dios es el Creador, y continuamente está involucrado en el cuidado de la creación.[220]

Dentro del cristianismo, y de la doctrina de la Gaia, encontramos los enfoques de la teología del proceso[221] y la teología feminista.[222] La vertiente «ecofeminista»[223]es representada fuertemente por Rosemary Radford Ruether y Sallie McFague pioneras en señalar la conexión entre

---

220   STASSEN. *Óp. Cit.*, p. 450.

221   La teología del proceso piensa teológica y filosóficamente la creación como un proceso, y considera que Dios cambia como lo puede hacer el universo. Ésta es una de las fuentes de la teología ecológica. Las referencias a teólogos procesuales incluyen principalmente a John Cobb, Charles Hartshorne, David Ray Griffin, y el filósofo y físico Alfred Whitehead. (Cf. KERBER, Guillermo. *Ecología, nueva cosmología e implicaciones teológicas*).

222   La teología feminista no es, propiamente hablando, una «teología de la mujer». La teología feminista pertenece a la teología de la liberación y se caracteriza por la búsqueda de la justicia social como punto distintivo. En este aspecto, lo que pretende la teología feminista es redefinir la relación entre hombre y mujer en términos de reciprocidad en vez de hacerlo en términos de jerarquicidad. (Cf. GIBELLINI, Rosino. *La teología del siglo XX*. Santander: Editorial Sal Terrae, 1998.pp. 445-447).

223   Esta corriente teológica tiene, para Rosemary Radford-Ruether, por ejemplo, muchas afinidades con el pensamiento de Pierre Teilhard de Chardin. Esta doctrina sostiene que el dominio masculino sobre las mujeres, y el dominio de los hombres sobre la naturaleza están interconectados. «Escribe Rosemary Ruether en *Sexism and God-Talk* (1983): La fraternidad del hombre tiene que ampliarse hasta abrazar no sólo a las mujeres, sino a toda la comunidad de vida». (CONCILIUM. "Cosmología y teología." *Revista Internacional de Teología*. Nº186. Madrid: Ediciones Cristiandad, 1983, p. 173)

explotación de la naturaleza y la opresión de las mujeres.[224] Otro caso, es el del teólogo católico Leonardo Boff quien a pesar de contribuir positivamente a la reflexión ecoteológica con su libro «Ecología: grito de la Tierra, grito de los pobres», entre otras obras, termina por sacramentar la naturaleza con la doctrina de la Gaia; «No es que sobre la Tierra haya vida, la Tierra misma está viva, y es llamada Gaia, la diosa griega para la Tierra viviente».[225] Boff propone, frente al antropocentrismo, una cosmología integral, una fraternidad cósmica donde el hombre y la mujer continúan con la obra creadora de Dios en la naturaleza y en la historia, cuya misión concluye en el descanso sabático que festeja la bondad de la creación.[226] Aunque a la vez, propone una cosmología evolutiva en la cual trata de situar a Dios dentro del proceso del mundo y considerar al mundo dentro del proceso de Dios. Todo lo que sucede en el mundo, de algún modo, afecta a Dios; y todo lo que acontece en Dios, de algún modo, afecta al mundo.[227]

Por otro lado, existe un grupo menor también basado en el enfoque teocéntrico que enfatiza una perspectiva de

---

224   ARELLANO YANGUAS, Javier. "Ecología en perspectiva salvífica" *Cuadernos de Teología Deusto.* N° 23. Bilbao: Ediciones Universidad de Deusto, 2000, p. 58.

225   BOFF, Leonardo. *Lo esencial del Evangelio. Lo nuevo de la ecoteología.* Madrid: Editorial Nueva Utopía, 2011, p. 47. Esta es una de tantas citas que podemos recoger en sus escritos y que hacen alusión a lo que estamos hablando.

226   TAMAYO-ACOSTA, Juan José. *Leonardo Boff. Ecología, mística y liberación.* Bilbao: Editorial Desclée de Brouwer, 1999, pp. 133-134.

227   BOFF, Leonardo. *Ecología: grito de la Tierra, grito de los pobres.* Madrid: Editorial Trotta, 1996. p.187.

pacto. Estas personas se fijan en que Dios hizo un pacto con toda la creación después del diluvio. Además, Dios estableció un pacto con Israel el cuál involucraba deberes para con la creación no humana, respecto a los animales, los cultivos, y el resto de naturaleza. El compromiso por parte de Dios se revela en las Escrituras y nuestro cuidado de la creación no reemplaza el de Dios, sino que participa del mismo compromiso del cuidado divino.[228]

Como cristianos debemos considerar nuestra propia ética, siendo esta trinitaria y pactista del enfoque teocéntrico.[229] Resultando entonces que debemos adorar solamente al Creador, no a la creación. Esto nos envuelve directamente en el cuidado de la creación, ya que de igual modo Dios está involucrado en el cuidado de la creación y de nosotros como entes responsables de la creación.

---

228   STASSEN. *La ética del reino.* p. 452.
229   *Ibíd., p.* 452.

4.4 Ecología espiritual: perspectiva misional

Creemos que tanto eco-teología como «reino de
Dios» van de la mano. Por lo tanto, nos urge un llamado
teológico-ecológico no solamente en perspectivas sociales,
sino también en perspectivas eclesiales, donde cada creyente
–principalmente aquellas personas con una mínima
formación religiosa- se comprometa a la incidencia del tema
ecológico en la que destaque la importancia de la relación de
sensibilidad y respeto del ser humano con toda la creación. Ha
sido nuestro Creador quien nos ha puesto como mayordomos
sobre la Tierra, otorgándonos no solamente el privilegio
de disfrutar de la belleza de este planeta y a través de ella
contemplar Su gloria, sino también la tarea de compromiso,
responsabilidad y sostenimiento de la Tierra. Al mismo
tiempo, necesitamos tener un concepto claro de «reino» para
que nuestra teología ecológica tenga un verdadero sentido.

En primer lugar, no debemos caer en el error de
distorsionar el concepto del Nuevo Testamento del reino de
Dios. La categoría básica en la consideración ética secular
concibe el reino de Dios meramente de manera moralista y
exclusivamente ético, es decir, el concepto de reino de Dios
es una categoría absoluta, en la cual cada enseñanza de Jesús
encuentra su lugar.[230] La prominencia de este concepto en
el pensamiento reciente se debe a la influencia de Kant y
Ritschl.[231] Para ambos, el concepto de reino de Dios no es

---

230   NYENHUIS. *Ética cristiana: un enfoque bíblico-teológico,* pp.
153-155.
231   Ambos pensadores han señalado el concepto del reino como la
categoría básica para la interpretación del cristianismo.

más que la realización de la virtud del amor en las relaciones humanas. Además de esto, Kant rechaza la redención vicaria en Cristo y para él, el reino de Dios es el esfuerzo de la comunidad cristiana hacia la perfección, es decir, el cristiano se salva por sus propios méritos morales.[232] Pero esto sólo es una visión desvirtuada de lo que verdaderamente es el reino de Dios.

El término reino -en su sentido espiritual-, proviene de la palabra griega basileia (βασιλεία). Es principalmente un nombre abstracto, que denota soberanía, poder majestuoso, dominio. Luego, por trasnominación, un nombre concreto, indicando el territorio o pueblo sobre el que reina un rey.[233] Esta palabra se encuentra no menos de 140 veces en el Nuevo Testamento. Es por ello que el concepto reino de Dios tiene un significado central en toda la idea del Nuevo Testamento, principalmente en la enseñanza de Jesús. Jesús y el Nuevo Testamento enseñaban que el reino de Dios es espiritual, no se trata de algo físico, visible y temporal, sino espiritual, eterno e invisible. Ahora bien, ¿Qué es el reino de Dios? ¿Cómo podemos explicarlo? Aunque la Biblia no nos ofrece una definición como tal de lo que es el reino de Dios, queremos proponer nosotros una definición de lo que pensamos que podría ser:

---

232   NYENHUIS. *Ética cristiana: un enfoque bíblico-teológico,* pp. 153-154.
233   VINE, William. *Diccionario expositivo de las palabras del Antiguo y Nuevo Testamento exhaustivo de Vine.* Miami, Florida: Editorial Caribe, 1999.

> El reino de Dios es el gobierno de Dios
> expresado en la comunidad cristiana,
> aquellos que, por fe en Cristo confían en su
> redención y practican su voluntad, y que
> formando parte de una creación que gime
> de dolor y anhelo de liberación, dedican
> su vida enteramente nueva en justicia y
> santidad, en lo personal y en la comunidad,
> en la comunidad y en lo político, en lo
> político y en lo ecológico: con todas las
> fuerzas del Espíritu Santo y en todas las
> oportunidades que Dios dispone.[234]

En segundo lugar, podemos preguntarnos, ¿qué implica para el creyente promover la realización del reino de Dios? Específicamente, ¿qué involucra la idea de promover la realización del reino de Dios como el ideal moral-ecológico? Recogemos unas palabras del Dr. Nyenhuis donde especifica algunas esferas de la sociedad a modo de ejemplo, donde la realización del reino de Dios por parte de los cristianos llega a tener influencia:

> Cada cristiano tiene que promover el
> reino de Dios, tiene que hacer la voluntad
> de Dios en cada esfera de la actividad
> humana: en las relaciones familiares y en
> la actividad en la iglesia; en la vida civil
> y en la política; en el comercio y en los
> negocios; en trabajar y administrar; en la

---

234   Esta propuesta está basada en los artículos n°44 y 54 del documento "Juntos por la Vida: Misión y evangelización en contextos cambiantes". Comisión de Misión Mundial y evangelización del Consejo Mundial de Iglesias, y en el desafío de Dios para la iglesia, según una de las perspectivas de Moltmann. (Cf. MOLTMANN. *Cristo para nosotros hoy,* p. 112.)

educación y en la erudición; en el arte y en la cultura; en la creación y en el ecosistema. (...) No hay campo legítimo en la actividad humana que no debamos reclamar, como ciudadanos del reino, para nuestro Rey. (...) Por su creación a la imagen de Dios, por ser restaurado en la redención, y por ser una nueva creación en Cristo, el ciudadano tiene capacidades y habilidades que debe desarrollar.[235]

Es en este aspecto donde entra la misión cristiana, y en conjunto donde se manifiesta el carácter misional de la iglesia, organizándose esta última como un organismo vivo; reflejando la estructura de la vida que el mismo Creador ha diseñado. Una teología bíblica de la misión, debe de incluir sin lugar a dudas una dimensión ecológica, a la vez que se desarrolla una acción práctica en el medio ambiente. Puesto que las imágenes orgánicas de la iglesia y del reino abundan en la Biblia,[236] tendremos que redescubrirlas, revivirlas y

---

235   NYENHUIS. *Ética cristiana: un enfoque bíblico-teológico*, pp. 185-186. Énfasis añadido. Las palabras en cursivas son añadidas por mí como ejemplo en lo que nos atañe.

236   Imágenes que no solamente son metáforas verbales que nos ayudan a describir la naturaleza teológica del pueblo de Dios, sino que al mismo tiempo aluden a temas esenciales: imágenes del cuerpo, del campo, los árboles, las semillas, la vid, la levadura, la sal, el aceite, el agua, los animales, los templos vivientes, etc. «No debería sorprendernos que las imágenes orgánicas de la iglesia extraigan su fundamento bíblico primordial de la doctrina bíblica de la creación, de una visión del mundo ecológica e intrínsecamente espiritual, y no de ninguna otra de las disciplinas que tradicionalmente han nutrido el liderazgo y el desarrollo de organizaciones. La cosmología debe conducirnos a un conocimiento más profundo de nosotros mismos y de nuestra función en el mundo». (HIRSCH, Alan. *Caminos Olvidados: Reactivemos La Iglesia Misional*. Editorial Missional Press, 2009, p. 189)

volverlas a abrazar para podernos posicionar como Iglesia[237] ante los desafíos y complejidades contemporáneas. Es necesario encontrar un nuevo camino dinámico por encima del modelo estático, mecánico e institucional que prepondera en nuestra vida de iglesia.[238]

> Nos hemos dado cuenta de que la misión no es simplemente una actividad de la iglesia. La misión es más bien el resultado de la iniciativa de Dios, enraizada en los propósitos de Dios de restaurar y sanar la creación. Misión significa 'enviar' y es el tema bíblico central que describe el propósito de la acción de Dios en la historia humana. La misión de Dios empezó con el llamamiento a Israel a recibir las bendiciones de Dios para ser de bendición a las naciones. La misión de Dios se desplegó en la historia de Su pueblo a través de los siglos, que ha quedado registrada en las Escrituras y que alcanzó su clímax revelador en la encarnación de la obra de salvación de Dios en el ministerio de Jesús, su crucifixión y su resurrección. (...) Hoy continúa en el testimonio mundial del evangelio de Jesús a todas las culturas

---

237   «Teológicamente es correcto decir que la Iglesia no es el Reino de Dios, sino más bien un signo, un símbolo o aperitivo del reino. Y aunque el Reino se exprese en y a través de ella de manera poderosa, jamás es la única expresión del mismo. La iglesia es parte del Reino, pero el Reino se extiende al reinado de Dios sobre todas las cosas». (HIRSCH. *Caminos Olvidados: Reactivemos La Iglesia Misional,* p. 45)

238   HIRSCH. *Caminos Olvidados: Reactivemos La Iglesia Misional,* p. 189.

través de las iglesias.[239]

René padilla por su parte, considera la cristología cósmica del Nuevo Testamento como el principio de la misión:

> La única evangelización auténtica es la que se orienta hacia esa meta última de la «restauración de todas las cosas» en Cristo Jesús, prometida por los profetas y proclamada por los apóstoles. (...) Hoy más que nunca la esperanza cristiana en sus dimensiones más amplias tiene que proclamarse con tal convicción y tal fuerza que la falsedad de toda otra esperanza no necesite comprobación.[240]

Ward[241] citado por Hirchs habla de esta necesidad que debe de existir en la iglesia para que ésta trascienda e influya en su entorno:

> Necesitamos librarnos del modelo estático de iglesia basada principalmente en la congregación, los programas y los locales. En su lugar necesitamos desarrollar una

---

239   (Cf. GUDER, Darrell. *Misional Church: A Vision for the Sending Church in North America*. Grand Rapids, Michigan: Eerdmans Publishing, 1998. p.4), énfasis añadido.

240   Citado por STAM. *Las buenas nuevas de la creación*, p. 49.

241   «Peter Ward ha escrito un libro excelente *'Liquid Church'*, en el que explora las dimensiones teológicas, eclesiales y sociológicas de las redes (estructuras). Siguiendo el análisis cultural de Zygmunt Bauman, en términos de modernidad líquida y sólida, también usa el término iglesia líquida para describir la esencia de una verdadera iglesia en red; una iglesia que responde a la creciente dimensión fluida de nuestra cultura». (HIRSCH, Alan. *Caminos Olvidados: Reactivemos La Iglesia Misional*. Editorial Missional Press, 2009, p. 207)

idea de comunidad cristiana, adoración, misión y organización, que al igual que la iglesia del Nuevo Testamento, sea más flexible y sepa adaptarse y reaccionar ante el cambio.[242]

Es en todas las dimensiones posibles en las que como iglesia debemos comprometernos e influir; Dios nos ordena ser reflejo de su propio carácter a través del cuidado piadoso de los necesitados, además de manifestar los valores y el poder del reino de Dios mediante la lucha por la justicia y la paz, y ocuparnos en el cuidado de toda la creación de Dios.[243]

Francis Schaeffer afirma que la iglesia debe de ser un ejemplo a seguir, donde se distinga un modelo de relaciones apropiadas entre los seres humanos y el mundo físico:

> La iglesia debe de ser un lugar donde la gente puede ver en nuestras congregaciones y nuestras misiones una sanidad sustancial en todas las dimensiones, en todas las alienaciones, producidas por la rebelión del hombre.[244]

Aunque son muchos los cristianos concienciados de la problemática medio ambiental que sufrimos hoy día, de los cuales muchos de ellos asumen seriamente sus responsabilidades frente al medio ambiente, son pocos el

---

242   HIRSCH. *Caminos Olvidados: Reactivemos La Iglesia Misional*, p. 209.
243   LAUSANA. COMPROMISO DE CIUDAD DEL CABO, 2010. Art.10
244   Citado por NYENHUIS. *Ética cristiana: un enfoque bíblico-teológico,* p. 321.

número de ellos que tienen la visión del cuidado activo de la creación, la cual forma parte de su llamado personal y específico. Aludimos aquí al gran trabajo que desde hace años atrás viene realizando la agencia explícitamente cristiana A Rocha,[245] cuyo trabajo no solamente está enfocado en el mandato bíblico del cuidado de la creación, sino también en una dimensión esencial y legítima de la misión cristiana. Es un ejemplo que debemos de tener presente para entender que nuestra preocupación por la creación no se debería de limitar sólo a una reacción prudencial o preventiva de un problema que va en aumento. Las palabras de Jesús «Si me amáis, guardad mis mandamientos»[246] son totalmente aplicables en el marco ecológico. La obediencia a ese mandamiento es nuestra misión y tarea humana. Como cristianos estamos obligados a entender el cuidado activo de la creación como parte fundamental de lo que significa amar y obedecer a Dios. «La misión integral no es completamente integral si solo incluye a las personas y excluye al resto de la creación para cuya reconciliación Cristo tuvo que derramar su sangre».[247] La acción de Cristo es una encarnación misional de las verdades bíblicas del amor de Dios derramado sobre todo lo que ha creado. Si Dios cuida con tan minuciosa misericordia y compasión su creación,[248] ¿cuánto más deberíamos hacerlo los que deseamos imitar a Cristo?

---

245 Fundada en 1983 en Portugal. Actualmente desarrolla su actividad internacionalmente abarcando todos los continentes.
246 Juan 14:15.
247 WRIGHT. *La misión de Dios*, p. 553. Cf. Col.1:20.
248 Véase Salmo 145:9-17, Mateo 6:26.

Como hemos dicho, la realización del reino de Dios por los cristianos, corresponde a hacer la perfecta voluntad de Dios en nuestra vida., en la vida de otros, y en todas las relaciones y esferas de la sociedad. Por lo tanto, si el reino de Dios es un ideal moral, entonces el cuidado de la creación (ecología) es un deber ético. Es una obligación ética de todo ciudadano del reino. Como bien dice Wright:

> La verdadera acción ambiental cristiana es también provechosa para la evangelización, no porque sea algún tipo de portada para la 'misión real' sino porque declara en palabras y en hechos el amor ilimitado del Creador por toda su creación (el que por supuesto incluye su amor por los seres humanos) y no esconde la historia bíblica del costo que pagó el Creador para redimir a ambos. Esa acción es una encarnación misional de las verdades bíblicas de que el Señor ama todo lo que ha creado y que ese mismo Dios amó de tal manera al mundo que dio a su único Hijo no solamente para que los creyentes no perezcan, sino en definitiva para que todas las cosas en los cielos y en la tierra sean reconciliadas con Dios por medio de la sangre en la cruz. Porque Dios estaba en Cristo reconciliando consigo al mundo.[249]

---

249   WRIGHT. *Óp. Cit.*, p. 557.

4.5 Shalom integral del hombre

Hacemos uso de la palabra de origen hebreo shalom para referirnos a, armonía, paz de Dios. Cuando esta idea de shalom la aplicamos sobre todo al cosmos, ésta manifiesta la destrucción ocasionada por el pecado, pero a su vez, hace referencia a la restauración y realización de la salvación. Este término «encierra en sí la voluntad salvífica de Dios que abarca toda la creación».[250] En esta línea shalom invita a un replanteamiento tanto de la vida individual como del orden global del mundo. No se trata solamente de una paz celestial, sino también de una paz terrenal. En este sentido, la iglesia no se extralimita en la proclamación del Evangelio mientras se proponga cuestiones objetivas y se ocupe en cuestiones concretas como la sociedad, la cultura, la política, el sistema económico, etc.[251] La Comisión de Misión Mundial y Evangelización del Consejo Mundial de Iglesias (CWME), el Pacto de Lausana, así como el esfuerzo de la evangelización por parte de otros muchos consejos o movimientos internacionales, forman parte del testimonio de paz que ha de dar la iglesia.

> Estamos llamados a ir más allá del enfoque estricto antropocéntrico y adherirnos a formas de misión que expresen nuestra relación reconciliada con toda vida creada. (...) Nuestra participación en la misión, el hecho de ser partes de la creación, y nuestra práctica de la vida del Espíritu

---

250   COENEN, Lothar. *Diccionario teológico del Nuevo Testamento. Vol. III.* (3ª Edición) Salamanca: Ed. Sígueme, 1993, pp. 313-314.
251   *Ibíd.*

tienen que entrelazarse entre sí porque son recíprocamente transformadores. (...) La creación es parte integrante de la unidad reconciliada a la que todos estamos llamados (2 Corintios 5:18-19). No creemos que haya que dejar de lado a la tierra y que solo las almas hayan de salvarse; tanto la tierra como nuestros cuerpos tienen que ser transformados por la gracia del Espíritu.[252]

Shalom «define tanto las relaciones interhumanas como las que existen entre el hombre y Dios», es por ello que debemos tomarla en serio, pues si abarca todas las esferas de la vida humana, también lo hace con los aspectos externos del mundo. Si mediante Cristo, Dios ha reconciliado todas las cosas consigo[253] realizando la paz en el mundo, puede y debe de existir shalom no solamente en el ser humano consigo mismo, sino en todas las interrelaciones humanas.[254]

La paz de Cristo se percibe personalmente, mediante la fe, en lo más profundo del corazón. La importancia de la paz interior del alma con Dios radica en el hecho de que gracias a ella se vence la insaciable codicia con que, de lo contrario, se encubriría la profunda angustia del corazón impío. Pero, si esta paz del alma es la paz de Cristo, entonces sirve para hacer que dicha alma salga de sí, atónita y asombrada,

---

252   CWME (CMME). 2012. «Juntos por la Vida: Misión y Evangelización en Contextos Cambiantes». Arts.19-21. Publicado en INTEGRALIDAD. *Revista Digital del CEEMA. Año 7, edición 18, diciembre de 2014.*
253   Cf. Colosenses 1:20
254   COENEN. *Óp. Cit.,* pp. 313-314.

hacia la comunidad de todas las criaturas del cosmos, porque con su muerte en la cruz Cristo acabó con la enemistad; la enemistad del hombre consigo mismo y con sus semejantes, la enemistad del hombre con la naturaleza y la enemistad entre las fuerzas de la naturaleza misma. (....) La reconciliación de todo el cosmos a través de Cristo (Col.1:20) apunta a la justificación de todas las criaturas que han sido heridas y privadas de sus derechos y a la implantación de la justicia de Dios, la única que garantiza la vida y la paz de la creación. La reconciliación del hombre con Dios, con los demás hombres y consigo mismo ha de incluir directa e indirectamente, por tanto, la reconciliación con la naturaleza, a fin de establecer con ella una comunidad de derecho duradera.[255]

Recordemos que los efectos del pecado han provocado consecuencias nefastas para el ser humano y el resto de la creación; altera no solamente las relaciones entre el ser humano y su Dios, sino también las de éste con todo lo creado. Ha sido el ser humano, y no el resto de la creación, el que ha introducido esa discordancia. Es por ello que necesitamos la reconciliación que Cristo ofreció en la cruz. Solamente así el hombre puede llegar a recuperar la armonía integralmente, esto es: shalom hombre-Dios, shalom hombre-hombre, shalom hombre-creación.

El pecado exterioriza la necesidad de shalom integral en la vida humana. Nos referimos ahora a indicios como la

---

255   MOLTMANN. *La justicia crea futuro*, p. 97, 102.

contaminación, la falta de pudor, los intereses económicos, los pleitos, u homicidios, etc. manifiestan una pérdida común en la conciencia ecológica humana. Resulta contradictorio demandar, no sólo a generaciones futuras, sino a cualquier persona común y corriente, una mentalidad y praxis ecológica que respete la creación, cuando a la vez existen leyes y políticas que atentan directamente contra la vida humana. ¿Cómo podemos llegar a respetar el espacio medio ambiental y sus especies, si no somos capaces de respetar a nuestro prójimo y sus derechos fundamentales? Es por tanto que el concepto de ecología humana[256] se haya perdido, provocando a su vez, la pérdida del concepto de ecología ambiental. Para algunos teólogos, el orden comienza por respetar en primer lugar al ecosistema humano para poder llegar a respetar el resto de la creación. Así lo afirma Benedicto XVI, quien resalta y antepone una ecología del hombre, es decir, no solamente toda iniciativa ecológica destinada a proteger la dignidad de la naturaleza y sus especies, sino también –y a modo más concreto- a respetar la vida humana con principios bioéticos que guarden el orden ecológico. En su discurso Caritas in Veritate, n°51 señala:

> El primer deber de la educación ecológica es que el hombre no se destruya (...) cuando se respeta la ecología humana en la sociedad, también la ecología ambiental se beneficia.[257]

---

256   Se identifica como ecología humana a las relaciones entre las personas y el medio ambiente.

257   BENEDICTO XVI. *Vida humana y ecología*, pp. 174-175.

Por otro lado, Leonardo Boff también considera esta separación que sufre el hombre respecto al resto de la creación. Boff hace uso de los términos «justa medida» y «cuidado esencial»[258] como la base y solución hacia la armonía, el puente de la reconciliación entre el ser humano y la creación.[259] Estas bases que propone Boff representan actitudes éticas que el ser humano debiera tener, sin embargo, creemos que estas bases no son suficientes para conseguir tal simbiosis. Necesitamos ofrecer una solución consistente hacia la armonía, el shalom entre el hombre y la creación. Nuestras bases y solución deberán presentarse con base bíblica en el arrepentimiento por el pecado y en la praxis del amor.

Como ya vimos, una cristología cósmica requiere una formación de una comunidad integral donde los hombres se reconcilien con Dios, entre sí, y también con la naturaleza. Por lo cual, consideramos que ambas ecologías (humana y ambiental) deben de efectuarse juntas. No necesariamente deben de guardar un orden de prioridad, sino más bien, el ser humano —en paz y en equilibrio- debe de presentar respeto igualitario tanto por el hombre como por el cosmos.

Para ello, y en primer lugar, es necesario una

---

258   Para Boff, "justa medida" es un valor ético que representa un equilibrio entre lo más y lo menos, es decir, es la sabiduría de lidiar con los recursos limitados (sustentabilidad) de cualquier ser o cualquier ecosistema. Con el término "cuidado esencial" representa para Boff un segundo valor ético, que como propiamente indica es la actitud ética adecuada para con la naturaleza y para con toda la Tierra. (Cf. *Lo esencial del Evangelio. Lo nuevo de la ecoteología*, pp. 83-89).
259   BOFF. *Lo esencial del Evangelio. Lo nuevo de la ecoteología*, pp. 81-86.

reconciliación hombre-Dios, ésta solamente puede darse a través de la confianza en Jesucristo (2Cor.5:18). El ser humano podrá ejercer una mayordomía que honre a Dios cuando primeramente se reconcilie con él por medio de Cristo. La reconciliación entre el hombre y la creación debe de pasar, primeramente, por la transformación del corazón del hombre. La reconciliación del hombre con Dios implica a su vez una reconciliación consigo mismo. El cristiano debe de verse a sí mismo como Dios lo ve, de infinito valor en Cristo. Cuando el ser humano es reconciliado con Dios, este tiene la mente de Cristo.[260]

En segundo lugar, cuando somos reconciliados con Dios debemos mirar a nuestro prójimo a través de los ojos de nuestro Creador. Jesús dijo: «Amarás al Señor tu Dios con todo tu corazón, y con toda tu alma, y con todas tus fuerzas, y con toda tu mente; y a tu prójimo como a ti mismo».[261] La Biblia «es una declaración de las responsabilidades humanas, especialmente en términos de Dios y al prójimo», hasta el punto de anteponer los derechos del prójimo por encima de los nuestros.[262]

Por último, debido a la Caída y la entrada del pecado, el problema que mantiene el ser humano no es material, sino moral, por ello que, el hombre redimido por Cristo, cuya fe es fundamentada sobre los principios y verdades de la Escritura

---

260   Véase 1ª Corintios 2:16.

261   Lucas 10:27. (Cf. Mt.22:37-39).

262   STOTT. *La fe cristiana frente a los desafíos contemporáneos,* p. 175. En el Nuevo Testamento encontramos como ejemplo la historia del buen samaritano (Lc.10:30-37), ésta nos ilustra de qué manera debemos de amar a nuestro prójimo, sea redimido o no.

cuyo sistema de valores es absoluto, está capacitado para tomar decisiones apropiadas y renovadas relativas al medio ambiente.[263]

> La conciencia ecológica que hunde sus raíces en el Evangelio de Jesucristo para buscar el agua de vida capaz de saciar la sed material y espiritual de un mundo que agoniza, es la única alternativa auténticamente válida que le queda todavía al hombre para restaurar, en la medida de lo posible, el equilibrio de los sistemas naturales y humanos.[264]

Como seres humanos creados a imagen de Dios, y aún más siendo redimidos por Cristo, nos ha sido otorgada la responsabilidad, y a la vez el privilegio, de ser mayordomos sobre su creación. Esto conlleva considerar la creación física como buena; con respeto y honor, ya que Dios también la considera como buena. Si para Dios el bienestar de toda su creación es importante, también debería de serlo para nosotros. Del mismo modo que nos preocupamos y actuamos benévolamente hacia otras personas, así también deberíamos serlo para con el resto de la creación. Por lo tanto, debemos vivir entonces de acuerdo a esa mayordomía, no solamente porque «es éticamente malo destruir innecesariamente lo que Dios ha creado» perjudicándonos directa o indirectamente a nosotros mismos, sino porque algún día hemos de rendir cuentas al Creador, por la destrucción que, como fruto de

---

263   WICKHAM. *Ecología y cambio climático.p.123.*
264   CRUZ SUÁREZ. *Teología y conciencia ecológica.*

nuestra ambición, estamos produciendo a Su creación.[265]

> El hombre, redimido por Cristo y hecho,
> en el Espíritu Santo, nueva criatura, puede
> y debe amar las cosas creadas por Dios.
> Pues de Dios las recibe y las mira y respeta
> como objetos salidos de las manos de Dios.
> Dándole gracias por ellas al Bienhechor
> y usando y gozando de las criaturas en
> pobreza y con libertad de espíritu, entra de
> veras en posesión del mundo como quien
> nada tiene y es dueño de todo: Todo es
> vuestro; vosotros sois de Cristo, y Cristo es
> de Dios (1ª Cor.3:22-23).[266]

«El hombre redimido por Cristo, es el lugar donde el equilibrio de relaciones de comunión se realiza. Sin embargo, no es allí donde, efectivamente, culminan».[267]

---

265   NYENHUIS. *Ética cristiana: un enfoque bíblico-teológico.* p. 323.

266   CONCILIO VATICANO II. Encíclica Pastoral *Gaudium et Spes.* Art.37.

267   CONDE, Emilia. *La redención en Cristo, nueva creación: hacia una reflexión ecoteológica.*

CONCLUSIÓN

Llegados a este punto, entendemos que la crisis ecológica no es sino uno más de lo tantos efectos producidos por el pecado, el cuál siendo lo contrario al carácter de Dios, ha provocado la ruina de toda la creación. Por lo que el pecado no solamente representa un problema meramente individual. Desde los primeros capítulos de Génesis encontramos los tres aspectos del pecado; individual, colectivo, cósmico. Éstas son las tres facetas sobre la que trasciende el pecado y por la cual hemos venido desarrollando nuestra investigación.

Sobre el pecado entendimos que se expande horizontalmente en la sociedad y se propaga verticalmente entre las generaciones, esto no quiere decir que las estructuras sociales puedan pecar, ni tampoco que el pecado pase de una a otra persona como si de maldición se tratara. Pero lo cierto es que personas y sociedad interactúan la una con la otra, y debido a la pecaminosidad del ser humano no puede existir un orden social absoluto y perfecto antes de la transfiguración del mundo. Acto seguido entendimos que el pecado se extendía a toda la creación. Las palabras de Dios al hombre «maldita será la tierra por tu causa»[268] nos indican

---

268   Cf. Génesis 3:17.

la fatal trascendencia que iba a tomar la desobediencia del hombre a Dios en el huerto del Edén. Aun a pesar de que la creación había sido constituida por Dios mismo como buena en gran manera, la entrada del pecado en el mundo motiva las amenazas naturales, y pone en peligro la vida humana, animal y vegetal, con una constante amenaza de muerte. Nada de lo creado está exento de los efectos del pecado.

En nuestro segundo capítulo abarcamos la redención y ofrecimos un nuevo paradigma que no se limitara solamente a entender la obra de Cristo en la cruz en términos personales, sino que, entendiendo la corrupción del cosmos por el pecado, necesitábamos una nueva dimensión cristológica que nos permitiera superar todo reduccionismo y permitiera una solución no sólo para el hombre irredento, sino para toda la creación. Es por ello que proponíamos una cristología cósmica que nos permitiera entender integralmente el plan de reconciliación para todo el cosmos. La acción redentora y transformadora de Dios, a través de la obra de Cristo, es totalmente aplicable sobre las esferas de la vida humana, de la sociedad y sus estructuras, y de toda la creación. Sobre este segundo punto, decíamos que la mejor manera de combatir el pecado y el mal de la sociedad era poniendo énfasis en el evangelismo y en la praxis de una ética personal y social. También considerábamos dos de los pasajes bíblicos más significativos que nos permitieran eliminar una visión reduccionista, para ello nos deteníamos poniendo especial atención en Romanos 8:18-23 donde pudimos entender la maldición a la que está sometida toda la creación, la cual gime con dolores de parto esperando la redención. Otro pasaje fue el himno prepaulino de Colosenses 1:15-20, el cual mostraba una connotación especial en la palabra reconciliación. Por todo ello, concluimos diciendo que la renovación de la vida espiritual está ligada a la renovación de la creación misma porque el ser humano es inseparable de la creación. El cosmos será restaurado en una relación armoniosa con su Creador.

En el tercer capítulo, quisimos valorar la creación escatológicamente, mientras que algunos teólogos miraban solamente al Génesis, nosotros proponíamos un modelo ecológico-escatológico que nos enseñara el cuidado de la creación y nos inspirara un ardiente anhelo por la Segunda Venida de Cristo. Conseguimos fijarnos en la nueva Jerusalén como ese modelo ideal prestando especial atención al agua de vida y al árbol de la vida. Hemos aprendido que la nueva creación que Dios tiene preparada devolverá al hombre el propósito original, pero mientras tanto como creyentes, debemos vivir esa esperanza futura en el presente, siendo llamado a actuar por esa esperanza. La nueva creación será el final glorioso de la acción de Dios.

Por último, nos propusimos articular la teología con la ecología y lo conseguimos. Teniendo en cuenta lo visto en los tres primeros capítulos, conseguimos un modelo ecológico a través de la exégesis bíblica que permite pensar la creación defendiendo la identidad de Dios para su creación y la del ser humano. Entendimos las nefastas consecuencias del pecado sobre la creación, y propusimos trazar ante tal problema ecológico, una perspectiva misional para la iglesia. Comprendiendo así el reto, y obteniendo a la vez, una nueva concepción del reino de Dios. Pues éste no se limita solamente a la esfera personal del creyente, sino que la iglesia debe de organizarse reflejando la estructura de la vida que el mismo Creador ha diseñado en la misión ecológica de llevar a cabo los propósitos de Dios de restaurar y sanar la creación. De esta manera aludíamos a la palabra shalom como el replanteamiento tanto de la vida individual como del orden global del mundo con el objetivo de conseguir no solamente una paz y armonía celestial, sino también terrenal. En este sentido es que la iglesia no se extralimita en la proclamación del Evangelio mientras se proponga cuestiones objetivas y se ocupe en cuestiones concretas, como la sociedad, la política, la ecología, etc.

Cuidar de la creación como pide Dios, es una tarea necesaria para todo ser humano, pero como cristianos ésta tarea debe de cobrar mayor relevancia, debe de formar parte de nuestra vocación más profunda. Como bien dice Antonio Cruz: «Aprenderemos a respetar la naturaleza cuando sepamos respetar al Creador de la naturaleza».[269] Es nuestra responsabilidad construir una espiritualidad ecológica que nos permita amar al cosmos y al Dios del cosmos. Sin lugar a dudas se trata de todo un desafío, pero una gran oportunidad para la misión de Dios.

---

269   CRUZ SUÁREZ, Antonio. *Teología y conciencia ecológica.*

«El Dios Trino y Uno invita a toda la creación a la Fiesta de la Vida, por Jesucristo, que vino para "que todos tengan vida, y la tengan en abundancia" (Juan 10:10), por el Espíritu Santo, que afirma la visión del reino de Dios: "Porque he aquí, yo crearé nuevos cielos y nueva tierra" (Isaías 65:17). En humildad y esperanza, nos comprometemos juntos en la misión de Dios, quien recrea y reconcilia todas las cosas. Y oramos: ¡Dios de Vida, condúcenos a la justicia y la paz!».[270]

---

270   CWME (CMME). 2012. «Juntos por la Vida: Misión y Evangelización en Contextos Cambiantes». Art.112. Publicado en INTEGRALIDAD. *Revista Digital del CEEMA. Año 7, edición 18, diciembre de 2014.*

BIBLIOGRAFÍA

LIBROS

AUER, Johann y RATZINGER, Joseph. *Curso de teología dogmática.* Tomo III. *El mundo creación de Dios.* Barcelona: Editorial Herder, 1979.

AYAN CALVO, Juan José. *La promesa del cosmos.* Madrid: Publicaciones de la Facultad de Teología San Dámaso, 2004. ISBN: 84-96318-17-6.

BENEDICTO XVI. *Vida humana y ecología.* Madrid: Ediciones Palabra, 2013.

BERRY, Thomas y CLARKE, Thomas. *Reconciliación con la tierra.* Santiago de Chile: Editorial Cuatro Vientos, 1997. ISBN: 956-242-039-6

BOFF, Leonardo. *Ecología: grito de la Tierra, grito de los pobres.* Madrid: Editorial Trotta, 1996.

__________. *La oración de San Francisco.* (2ª Edición) Santander: Editorial Sal Terrae, 1999.

__________. *Lo esencial del Evangelio. Lo nuevo de la ecoteología.* Madrid: Editorial Nueva Utopía, 2011.

__________. *Jesucristo el liberador.* Santander: Editorial Sal Terrae, 1987.

__________. *Teología desde el lugar del pobre.* Santander: Editorial Sal Terrae, 1986. ISBN: 84-293-0741-9.

BOROBIO GARCÍA, Dionisio. *Sacramentos y creación.* Salamanca: Ediciones Secretario Trinitario, 2009.

BRADLEY, Ian. *Dios es "verde".* Santander: Editorial Sal Terrae, 1996. ISBN: 84-293-1098-3.

CARBALLOSA, Evis. *Apocalipsis: La consumación del plan eterno de Dios.* (11ª Edición) Grand Rapids, Michigan: Editorial Portavoz, 1997. ISBN: 978-0-8254-1107-6.

COENEN, Lothar. Beyreuther y Bietenhard (eds.). *Diccionario teológico del Nuevo Testamento. Vol. III.* (3ª Edición) Salamanca: Ed. Sígueme, 1993.

CRUZ SUÁREZ, Antonio. *Bioética cristiana: una propuesta para el tercer milenio.* Terrassa, Barcelona: Editorial Clie, 1999. ISBN: 84-8267-358-0.

ERICKSON, Millard J. *Teología sistemática.* (2ª Edición). Viladecavalls, Barcelona: Editorial Clie, 2008.

FERNÁNDEZ RAMOS, Felipe. *El Apocalipsis, libro de la esperanza.* Salamanca: Ediciones Secretario Trinitario, 2011.

FLECHA ANDRES, José-Román. *Teología moral fundamental.* (2ª Edición). Madrid: Biblioteca de Autores Cristianos, 2001.

GAFO FERNANDEZ, Javier Ignacio. *Bioética Teológica.* (3ª Edición). Madrid: Editorial Universidad Pontificia de Comillas, 2003. ISBN: 978-84-8468-072-7.

GIBELLINI, Rosino. *La teología del siglo XX.* Santander: Editorial Sal Terrae, 1998. ISBN: 84-293-1271-4.

GONZÁLES FAUS, José Ignacio. *Proyecto de hermano. Visión creyente del hombre.* Santander: Ed. Sal Terrae, 1987.

GRUDEM, Wayne. *Teología Sistemática.* Miami, Florida: Editorial Vida, 2007.

GUDER, Darrell. *Misional Church: A Vision for the Sending Church in North America.* Grand Rapids, Michigan: Eerdmans Publishing, 1998.

HAUGHT, John. *Cristianismo y ciencia.* Santander: Editorial Sal Terrae, 2009. ISBN: 978-84-293-1795-4.

HENDRIKSEN, William. *Comentario al Nuevo Testamento: Romanos.* Grand Rapids, Michigan: Libros Desafío, 2006. ISBN:1-55883-049-9.

HIRSCH, Alan. Caminos *Olvidados: Reactivemos La Iglesia* Misional. Editorial Missional Press, 2009.

HODGE, Charles. *Teología sistemática. Vol. I.* Terrassa, Barcelona: Editorial Clie, 1991. ISBN: 84-8267-354-8.

JAMIESON, Roberto; FAUSSET, A. R; BROWN, David. *Comentario exegético y explicativo de la Biblia. Tomo II: El Nuevo Testamento.* El Paso, Texas: Casa Bautista de Publicaciones, 2002. ISBN: 0-311-03004-1.

JEWETT, Paul. *El Hombre como Varón y Hembra.* Miami: Editorial Caribe, 1975.

LEWIS, Clive Staples. *La abolición del hombre.* (2ª Edición). Madrid: Ediciones Encuentro, 2007. ISBN: 978-84-7490-872-5.

LIZARRALDE, Eusebio y SALIBIAN, Alfredo. *Ecoteología. Aportes desde el ecumenismo*. Buenos Aires: Editorial Dunken, 2013. ISBN: 978-987-02-6753-9

MACARTHUR, John. *Comentario MacArthur del Nuevo Testamento: Colosenses y Filemón*. Grand Rapids, Michigan: Editorial Portavoz, 2003. ISBN: 0-8254-1527-6.

MEADOWS, Donella. *Más allá de los límites del crecimiento*. Madrid: Ediciones El País/Aguilar, 1992. ISBN: 84-03-59256-6.

MOLTMANN, Jürgen. *Cristo para nosotros hoy*. Madrid: Editorial Trotta, 1997.

__________. *Dios en la creación. Doctrina ecológica de la creación*. Salamanca: Ediciones Sígueme, 1987.

__________. *El hombre*. Salamanca: Ediciones Sígueme, 1976.

__________. *La justicia crea futuro*. Santander: Editorial Sal Terrae, 1992.

__________. *La venida de Dios*. Salamanca: Ediciones Sígueme, 2004.

NYENHUIS, Gerald. *Ética cristiana: un enfoque bíblico-teológico*. Miami, Florida: Editorial Unilit, 2002. ISBN: 0-7899-1065-9.

PÉREZ RODRÍGUEZ, Gabriel. *San Pablo: Cartas de la cautividad y pastorales*. Salamanca: Editorial PPC, 1974. ISBN: 84-288-0273-4.

ROLDAN, Alberto Fernándo. *Escatología.* Buenos Aires: Ediciones Kairos, 2002. ISBN: 987-9403-51-7

RUIZ DE LA PEÑA, Juan L. *Teología de la creación.* (6ª Edición) Santander: Editorial Sal Terrae, 1988.

__________________. *La pascua de la creación.* Madrid: Biblioteca de Autores Cristianos, 1996.

RYRIE, Charles. *Teología Básica.* Miami, Florida: Editorial Unilit, 1993.

SARMIENTO, Fausto. *Diccionario de ecología: paisajes, conservación y desarrollo sustentable para Latinoamérica.* (1ª Edición) Quito: Ediciones Abya-Yala, 2001.

SCHAEFFER, Francis. *Génesis en el tiempo y el espacio.* Barcelona: Ediciones Evangélicas Europeas, 1974.

SCHOCKENHOFF, Eberhard. *Ética de la vida.* Barcelona: Biblioteca Herder, 2012. ISBN: 978-84-254-2755-8

STAM, Juan. *Las buenas nuevas de la creación.* Grand Rapids, Michigan: Editorial Nueva Creación, 1995. ISBN: 0-8028-0930-8

STASSEN, Glen y GUSHEE, David. *La ética del reino.* El Paso, Texas: Editorial Mundo Hispano, 2007. ISBN: 978-0-311-46191-2

STOTT, John. *La fe cristiana frente a los desafíos contemporáneos.* Grand Rapids, Michigan: Libros Desafío, 1999.

TAMAYO-ACOSTA, Juan José. Leonardo Boff. *Ecología, mística y liberación.* Bilbao: Editorial Desclée de Brouwer, 1999.

__________________. *Nuevo paradigma teológico.* (2ª Edición) Madrid: Editorial Trotta, 2004.

__________________. *Para comprender la escatología cristiana.* Estella, Navarra: Editorial Verbo Divino, 1993.

VIDAL, Marciano. *Cómo hablar de pecado hoy.* (2ª Edición) Madrid: Promoción Popular Cristiana, 1977.

VILA, Samuel y ESCUAÍN, Santiago. *Nuevo diccionario bíblico ilustrado.* Barcelona: Editorial Clie, 1985.

VINE, William. *Diccionario expositivo de las palabras del Antiguo y Nuevo Testamento exhaustivo de Vine.* Miami, Florida: Editorial Caribe, 1999. ISBN: 0-89922-495-4.

WICKHAM, Miguel y WICKHAM, Terence-Pablo. *Ecología y cambio climático.* Barcelona: Publicaciones Andamio, 2012. ISBN: 978-84-15189-80-0.

WOLTERS, Albert. *La creación recuperada.* Medellín, Colombia: Poiema Publicaciones, 2013. ISBN: 978-958-57182-3-4.

WRIGHT, Christopher. *La misión de Dios.* (1ª Edición) Buenos Aires: Ediciones Certeza Unida, 2009.

__________________. *Viviendo como pueblo de Dios.* Barcelona: Publicaciones Andamio, 1996. ISBN: 84-87940-17-X.

PUBLICACIONES EN SERIE

ARELLANO YANGUAS, Javier. *"Ecología en perspectiva salvífica"* Cuadernos de Teología Deusto. Nº23. Bilbao: Ediciones Universidad de Deusto, 2000.

CONCILIUM. *"Cosmología y teología."* Revista Internacional de Teología. Nº186. Madrid: Ediciones Cristiandad, 1983.

DOMINGO, Agustín. *"Ecología y solidaridad."* Cuadernos Fe y Secularidad. Nº14. Santander: Editorial Sal Terrae, 1991.

HEWITT, Martin. *"El Dios cercano, el Rey de gloria."* Iglesia y Misión. Nº56. Fundación Kairós.

GARCÍA RUBIO, Alfonso. *"¿Dominad la tierra? Aportaciones teológicas al problema ecológico"*. Barcelona: Cristianisme i Justicia. Nº54, 1993.

GONZÁLES, Carlos. *"El Agua: Vehículo y lugar de encuentro para la misión de Dios."* Misiopedia.com, 2008.

GONZÁLES CARVAJAL, Luis. *"Fe cristiana y derechos de la naturaleza. Cosmos y creación."* Communio. Revista Católica Internacional, III-88, mayo-junio, año10.

GONZÁLES RUIZ, José Mª. *"Valoración sobrenatural del cosmos."* XIV Semana Bíblica Española. 21-26 Sept. 1953. Madrid: Consejo Superior de Investigaciones Científicas, 1954.

JUAN PABLO II. *"Paz con Dios creador, paz con toda la creación."* Ecclesia, 1989.

MAHECHA CLAVIJO, Germán Roberto. *"Aproximación a los rasgos de una espiritualidad ecológica"*. Revista Theologica Xaveriana Vol.60, Nº169. Bogotá, Colombia, 2010. ISSN: 0120-3649.

__________________. *"El Shabat: una estrategia ecológica de Dios"*. Revista Theologica Xaveriana. Vol.61, Nº172. Bogotá, Colombia, 2011. ISSN: 0120-3649.

NAVARRETE CANO, Juan. *"La eco-teología de la creación de Leonardo Boff"*. Palabra y Razón. Nº1, julio de 2012. ISSN: 0719-2223.

WHITE, Lynn. *"Raíces históricas de nuestra crisis ecológica."* Ambiente y Desarrollo. Nº23. Santiago de Chile, CIPMA, 2007.

RECURSOS ELECTRÓNICOS

- ALEMANY BRIZ, Jesús Mª. *Paz y ecología: pensamiento social y espiritualidad.* Santander: Universidad de Cantabria, 2011. Disponible en Web:http://www.unican.es/NR/rdonlyres/098D84DF-DA53-4CFC-A629-99AB1B480C CE/0/15PazyEcolog%C3%ADaJMAlemany.pdf

- ARANDA, Antonio. *Crisis contemporánea y pérdida del sentido del pecado* (Reflexiones a partir de la Encíclica "Redemptor Hominis"). Ética y teología ante la crisis contemporánea: I Simposio Internacional de Teología de la Universidad de Navarra / edición preparada por la Comisión Científica del Simposio, Servicio de Publicaciones de la Universidad de Navarra, 1980, pp. 581-590. Disponible en Web:http://hdl.handle.net/10171/5924

- BIORD CASTILLO, Raúl. *La resurrección de Cristo en la Teología Ecológica del Segundo Moltmann.* Disponible en Web: http://raulbiordcastillo.com/wp-content/uploads/2011/12/Moltmann.pdf

- BOLLINI, Claudio R. *Fe cristiana y final del universo: la escatología cósmica a la luz de los modelos actuales de la cosmología científica* (Tesis de doctorado – Universidad Católica Argentina, Facultad de Teología) [en línea], 2007. Disponible en Web: http://bibliotecadigital.uca.edu.ar/repositorio/tesis/fe-cristiana-final-universo-escatologia.pdf

- COMPROMISO DE CIUDAD DEL CABO, 2010. Lausana. Disponible en Web: http://www.lausannemexico.org/wp-content/uploads/2011/04/El_compromiso_Cd_del_Cabo_2010.pdf

- CONDE, Emilia. *La redención en Cristo, nueva creación: hacia una reflexión ecoteológica.* Disponible en Web: http://www.mercaba.org/K/Ecologia/reflexion%20eco%20teologia.htm

- CONSTITUCIÓN PASTORAL *Gaudium et Spes. Concilio Vaticano II.* Disponible en Web: http://www.vatican.va/archive/hist_councils/ii_vatican_council/documents/vat-ii_const_19651207_gaudium-et-spes_sp.html

- Consulta Global de Lausana sobre el Cuidado de la creación y el Evangelio: *Llamado a la Acción.* Disponible en Web: http://www.lausanne.org/es/contenido/declaracion-de-la-consulta/cuidado-de-la-creacion-llamado-a-la-accion

- CRUZ SUÁREZ, Antonio. *Teología y conciencia ecológica.* Disponible en Web: http://protestantedigital.com/magacin/12813/Teologia_y_conciencia_ecologica

- FERNÁNDEZ CAMPOS, Gabino. *Ecología total.* Disponible en Web: http://www.unescoandalucia.org/Congresos/2008%20I%20Congreso%20Internacional%20de%20Ecologia%20y%20Religiones/Ponencias/Descargas/Ecologia%20Total%20-%20Gabino%20Fernandez%20Campos.doc

- CWME (CMME). 2012. *«Juntos por la Vida: Misión y Evangelización en Contextos Cambiantes»*. Publicado en INTEGRALIDAD. Revista Digital del CEEMA. Año 7, edición 18, diciembre de 2014. Disponible en Web:(http://www.oikoumene.org/es/resources/documents/commissions/mission-and-evangelism/together-towards-life-mission-and-evangelism-in-changing-landscapes?set_language=es).

- *Guía de Estudio sobre el compromiso de Ciudad del Cabo*. Ed. Comité del Movimiento Lausana en España, 2013. Disponible en Web: http://www.cstad.edu.es/facultad/sites/default/files/LAUSANA%20versi%C3%B3n%205.pdf

- KERBER, Guillermo. *Ecología, nueva cosmología e implicaciones teológicas*. Disponible en Web: http://servicioskoinonia.org/relat/398.htm

- MAHECHA CLAVIJO, Germán Roberto. *La Tierra prometida: una reflexión ecoteológica a partir de Medellín*. Disponible en Web: http://www.missiologia.org.br/cms/ckfinder/userfiles/files/GermanMahechax.pdf

- MOSE. *Pecado estructural*. Disponible en Web: http://www.mercaba.org/DicTM/TM_pecado_estructural.html

- PADILLA, René. Vigencia del jubileo en el mundo actual. Disponible en Web: http://www.kairos.org.ar/blog/?p=3

- REAL ACADEMIA ESPAÑOLA. *Diccionario de la lengua española*. (23ª Ed. Madrid) 2014. Disponible en Web: http://www.rae.es

- STAM, Juan. *Creación, ética y problemática contemporánea. "Teología y Cultura".* Disponible en Web: http://www.teologos.com.ar/arch_rev/stam_creacion_etica_1.pdf

NOTA: las citas de las Sagradas Escrituras son mayoritariamente, salvo indicación en contrario, de la RV60, de las Sociedades Bíblicas Unidas.

*****

www.ingramcontent.com/pod-product-compliance
Lightning Source LLC
Chambersburg PA
CBHW061809250726

48657CB00001B/363